RE
37
AF267644

L'ANTIQUITÉ DÉVOILÉE,

AU MOYEN

DE LA GENÈSE.

L'ANTIQUITÉ DÉVOILÉE,

AU MOYEN

DE LA GENÈSE,

SOURCE ET ORIGINE DE LA MYTHOLOGIE
ET DE TOUS LES CULTES RELIGIEUX.

Lux in tenebris lucet.

A PARIS,

Chez
A. EGRON, Imprimeur, rue des Noyers, n°. 49.
BRAJEUX, Libraire, rue St.-Séverin, n°. 3o.
LECLERC, Libr., quai des Augustins, n°. 35.
LENORMANT, Libraire, rue des Prêtres-St.-Germain-l'Auxerrois, n°. 17.

1807

[illegible]

[illegible]

[illegible]

[illegible]
[illegible]

[illegible]
[illegible]

[illegible]

[illegible]
[illegible]
[illegible]

[illegible]

PREFACE.

Dɪx-ʜᴜɪᴛ siècles d'expérience et de publicité, de combats et de victoires, nous ont appris que la religion chrétienne, fondée sur le livre des écritures sacrées, ne craint point l'œil de la critique la plus sévère. Elle ne redoute au contraire que d'être ignorée. Aussi n'est-elle maintenant attaquée que par ceux qui ne la connoissent pas. Or, c'est ne la point connoître que d'ignorer les livres qui l'enseignent, ou de ne l'avoir étudiée que dans des sources impures, des extraits informes et des parodies insipides, ces sortes d'ouvrages n'étant propres qu'à faire calomnier la religion, en la dénaturant. Des réfutations foibles et erronées de la part de ses défenseurs produisent à peu près le même effet. Il vaut mieux se taire que de

réfuter maladroitement ceux qui l'atta-
quent. Le meilleur moyen de la défendre
seroit de mettre tout le monde à portée
d'entendre le livre qui l'enseigne, par des
traductions fidèles et claires du texte origi-
nal, parce qu'il n'y a personne qui puisse
parler plus dignement de Dieu que Dieu
lui-même, ni d'une manière plus propre à
persuader, à convaincre, à abaisser toute
hauteur qui s'élève contre lui. En effet ce
livre unique en son genre, puisque lui seul
remplissant tous les siècles a su nous découvrir notre origine et notre dernière fin,
ce livre, dis-je, est d'une simplicité qui le
rend accessible aux esprits les plus com-
muns, en même temps qu'il est d'une profondeur qui étonne les génies les plus sublimes. Une majesté imposante, une sain-
teté qui édifie, une manière de raconter qui
plaît, une méthode d'instruire et d'enseigner
qui saisit le cœur et n'ennuie jamais, tels
sont les caractères de ce saint livre, de ce

livre par excellence, dont tout le monde parle et que très-peu de personnes se sont donné la peine de lire avec attention. Cependant à le bien prendre, il n'y en a pas qui mérite mieux d'être étudié et approfondi, parce qu'il n'y en a pas qui renferme plus de choses utiles à l'homme. Convaincus de cette vérité par la comparaison que nous en avons pu faire, nous nous sommes bornés depuis long-temps à ne lire, à ne méditer que lui seul dans la retraite et le silence où nous vivons ensevelis. Cette lecture, qui fait toute notre consolation, sert non seulement à nourrir notre cœur, mais encore à exercer notre esprit; car ce n'est pas toujours sans difficulté que nous pénétrons dans le sanctuaire qui renferme ces divins oracles, soit à cause de la foiblesse de nos moyens, soit parce que les sentiers qui y conduisent sont par eux-mêmes escarpés et difficiles. Dans ce cas nous recueillons toutes nos forces pour tâcher de les franchir , et lorsque nous croyons avoir réussi, nous nous en réjouissons sans orgueil. Mais s'il nous arrive de succomber, loin de nous sentir humiliés de notre défaite, nous abaissons au contraire avec joie notre foible entendement devant l'intelligence infinie de l'Etre-Suprême, qui ne se découvre à nous qu'autant qu'il lui plaît. C'est dans cet esprit que nous avons tâché d'éclaircir quelques endroits difficiles des saintes écritures, qui prêtoient à la malignité de ses détracteurs et au mépris insultant de ses ennemis.

FIN DE LA PRÉFACE.

NOTICE

NOTICE ABRÉGÉE

comme une œuvre surnaturelle en son entier, opérée par Dieu même en six jours, de
vingt-quatre heures chacun, et non suivant
des périodes de temps circonscrites par les
lois de la nature, ainsi que l'a pensé l'auteur
des fameuses époques. (1) — Elle date de
six mille ans environ, de même que la création de l'homme, époque qui s'accorde parfaitement avec l'histoire physique et morale
du globe terrestre, nonobstant les vaines
chroniques des Chaldéens, des Egyptiens,
et la prétendue antiquité du zodiaque de
quinze mille ans, dont l'invention est attribuée mal à propos à ces derniers par un érudit moderne.

Résumé de l'œuvre des six jours et de la manière dont s'exécute ce grand ouvrage,
d'après le texte de la Genèse. — D'où l'on
conclut que si la grandeur et la sublimité de
l'opération ne peuvent convenir qu'à un

____

(1) Buffon.

Dieu, la simplicité du style qui l'a tracée ne peut appartenir à un simple mortel.

Tous les peuples de la terre ont une religion. — *Cette religion n'étant point une invention humaine, ne peut venir que de Dieu.* — *Véritable dans son principe, elle a dégénéré.* — *La cause de cette dégénérescence vient de l'homme, qui prenant la figure pour la réalité, fut assez insensé pour rendre à la créature l'hommage qui n'est dû qu'au Créateur.*

Cette erreur s'introduisit lorsque l'écriture symbolique, qui a précédé l'alphabétique, eut représenté sous des figures emblématiques l'œuvre des six jours. — *C'est un fait certain, qui résulte de la comparaison qu'on peut faire de la théogonie des poëtes avec le livre de la Genèse.*

Premier tableau comparatif, qui démontre cette vérité, en faisant voir que la mythologie grecque n'est autre chose que la Genèse personnifiée, historifiée et divinisée.

Deuxième tableau. Guerre de Jupiter et des

Titans, qui se disputent l'empire des cieux, figure de la révolution diurne et annuelle du soleil et des étoiles, et de la succession perpétuelle du jour et de la nuit.

Le troisième tableau nous présente, sous l'emblême du mariage d'Epiméthée avec Pandore et de la fatale boite donnée à celle-ci par Jupiter, ensuite ouverte par une coupable curiosité, une peinture de l'état de l'homme après sa formation, du bonheur dont il jouit d'abord dans le Paradis terrestre, puis des malheurs qui fondirent sur lui et sa postérité après sa désobéissance, jusqu'au déluge inclusivement.

Le quatrième tableau rappelle le nouvel ordre de choses, qui suit immédiatement cette grande catastrophe, la variété et l'intempérie des saisons, causées par le changement de la route du soleil, la stérilité de la terre, qui oblige l'homme, dont la vie s'abrége sensiblement, à se livrer aux plus rudes travaux pour en tirer sa subsistance, enfin la nécessité où il se trouve de recourir aux arts de toute espèce pour subvenir à ses besoins, dont le plus urgent fut d'étudier le ciel pour régler sur la marche du soleil dans les douze signes du zodiaque, la suite de ses travaux champêtres, si bien représentés par les douze fameux travaux d'Hercule, commandés par Euristhée et écrits daus le ciel en lettres de feu.

Les principaux traits de l'histoire du genre humain jusqu'à la venue du Messie y furent aussi tracés de la manière la plus frappante par les premiers inventeurs de l'astronomie. (C'est le sujet d'un cinquième tableau.)

Progrès de cette science, dont on abuse, en la convertissant en astrologie judiciaire, par une envie démesurée de connoître l'avenir. — Le même desir fit naître la magie, la divination, l'art des augures et des aruspices, et les oracles.

A mesure que les inventions humaines se multiplient, elles sont déposées dans des maisons communes appelées des temples, où chacun avoit droit de les aller consulter. De là l'origine des assemblées publiques et des fêtes consacrées aux principales divinités, qui étoient censées en avoir procuré la découverte. De là aussi les mystères et l'initiation aux mystères, dont on fit tant de bruit chez les païens, et qui disparurent comme de futiles niaiseries en présence du christianisme.

FIN DE LA NOTICE ABRÉGÉE.

ERRATA.

Pag. 13, lig. 22, au lieu de suite, *lisez* source.
— 63, — 7, après auquel, *lisez* il.
— 95, — 25, après laquelle, *lisez* descend.
— 98, — 16, après de là, *lisez* la
— 104, — 26, au lieu de Platon, *lisez* Pluton.
— 109, — 6, au lieu de la, *lisez* sa.

L'ANTIQUITÉ

L'ANTIQUITÉ DÉVOILÉE,

AU MOYEN

DE LA GENÈSE.

Réflexions sur le Livre de la Genèse, suivies d'une explication de l'OEuvre des Six Jours.

IL n'y a point de livre sur lequel la critique se soit plus exercée que sur celui de la Genèse. On l'a attaquée de toutes les manières, tantôt sur le fond, tantôt sur la forme. La noble simplicité avec laquelle Moïse parle de la création, passe chez ses détracteurs pour un style abject et infiniment au-dessous du sujet qu'il traite. Comparez-lui, s'écrie-t-on, le dé_ brouillement du cahos d'*Ovide* et l'Eglogue de *Virgile*, où le vieux Silène enseigne à des bergers la naissance du genre humain. Quelle différence de style ! Mais doit-on être surpris que des poëtes parlent autrement qu'un historien ? Ce n'est pas que Moïse n'eût pu, s'il avoit voulu, présenter ces merveilles avec emphase, lui qui a composé le sublime cantique chanté par tout Israël, après l'étonnant passage au travers de la Mer-Rouge; lui qui nous a transmis l'éloquente et plaintive élégie de *Job;* lui enfin qui, près de quitter la terre, semblable au cygne mourant, a célébré avec tant de magnificence les bienfaits du Tout-Puissant envers le peuple hébreu, en reprochant à celui-ci d'un ton si pathétique, ses ingratitudes à l'égard de son Dieu, et lui peignant sous des couleurs si vives les malheurs qui le menaçoient, s'il osoit transgresser ses lois ? Pourquoi donc n'a-t-il pas employé le même pinceau pour tracer les merveilles de la création ? c'est qu'alors il eût cessé d'être historien ; et peut-être nous eût-il paru moins digne de foi.

Après avoir censuré le style dont se sert Moïse pour décrire l'œuvre des six jours, on s'est attaqué à la manière dont il représente cette opération divine. A voir, dit-on, le Maître du monde travaillant à la structure de l'univers, suivant l'exposé qu'en fait Moïse, ne semble-t-il pas qu'on aperçoive un architecte ordinaire qui fait exécuter le plan d'un édifice qu'il a conçu, ou qu'étant transporté dans un atelier de sculpteur, on voie cet artiste donnant à un bloc de marbre une forme quelconque, et s'applaudissant ensuite du succès de son entreprise?

Mais quel architecte que celui qui commande à la lumière de paroître, à la terre de sortir du sein des eaux, aux herbes et aux plantes de couvrir sa surface, au soleil, à la lune et aux étoiles de briller dans le ciel! Quel statuaire que celui qui ordonne à toutes sortes d'animaux de peupler l'air, la terre et l'onde! et à l'instant tout obéit à sa voix. Non certes, la manière dont s'exécute ce grand ouvrage n'est point d'un simple mortel; elle ne peut convenir qu'à un Dieu. Et le philosophe Longin l'avoit parfaitement senti, quand il a cité les paroles dont s'est servi Moïse en cet endroit pour exemple du genre sublime. Quoi de plus sublime, en effet, que de voir tout d'un coup à la parole de Dieu, la lumière dissiper les ténèbres dont la terre étoit couverte?

Ce n'est pas encore là que s'arrêtent les censeurs du premier chapitre de la Genèse; ils lui reprochent des fautes plus graves et telles, que si Moïse eût été capable de les commettre, on pourroit le regarder comme le plus inepte des hommes. Car se peut-il rien de plus inepte que de compter des jours avant qu'il existât ni lune, ni soleil, ni étoiles, ainsi qu'on prétend qu'il a fait ?

On lui attribue en outre d'avoir supposé le monde plus moderne qu'il n'est réellement. Nouvelle preuve de son ignorance, ajoutent les mêmes censeurs.

Cependant cet homme si ignorant et si borné a su dicter pour un grand peuple un code de lois, qui durant quinze siècles que ce peuple a subsisté, n'a pas eu besoin d'être retouché. (1) Cependant cet homme si mal avisé a enseigné les vrais principes de la morale, et fondé une religion si sage, que ses dogmes fondamentaux servent de base à toutes celles qui se sont élevées sur les ruines

---

(1) Ces lois, chose étonnante et sans exemple, sont encore l'objet de l'attachement et de la vénération la plus profonde de ce même peuple dispersé et vagabond sur toute la terre depuis près de dix-huit siècles.

Instruit dans toutes les sciences des Egyptiens, Moïse ne nous a laissé que des livres de théologie, de morale et d'histoires relatives au peuple de Dieu, avec un code de lois théocratiques. Et de tous les ouvrages que Salomon avoit composés, que nous reste-t-il ? un livre de la plus profonde morale, des proverbes et des maximes, avec un cantique allégorique.

de l'idolâtrie. Un tel homme mérite bien assurément qu'on l'écoute et qu'on prenne la peine de l'entendre, avant de passer condamnation sur ses prétendues erreurs. C'est ce que nous allons tâcher de faire.

D'abord,. un principe avoué par tous les interprètes de l'Ecriture, c'est que tout ce qui ne tient point immédiatement aux vérités nécessaires au salut, ne fait point partie essentielle de la révélation. Ainsi, mal à propos voudroit-on argumenter des paroles de l'Ecriture pour étayer des systèmes, soit de physique, soit de géologie, soit d'astronomie, etc., parce qu'aucune de ces sciences ne nous est enseignée par elle directement. Et pourquoi? c'est qu'aucune de ces sciences n'est nécessaire à l'homme pour son salut. Qu'importe, en effet, pour être homme de bien, de croire que le soleil tourne autour de la terre, ou la terre autour du soleil; que la terre ait été créée il y a six mille ans, ou depuis six cents mille années? La seule chose qu'il lui importe de savoir sur cette matière, et que l'Ecriture ne laisse point ignorer, c'est que le monde n'existe point de lui-même; c'est que Dieu en est le véritable auteur; qu'il l'a créé, parce qu'il l'a voulu, quand, et de la manière qu'il l'a voulu, étant un être indépendant et libre dans toutes ses opérations ; qu'il l'a créé bon, parce qu'il est lui-même infiniment bon. Voilà ce qu'enseigne le premier chapitre de la Genèse, et rien de plus.

Cependant, dira-t-on, Moïse qui en est l'auteur, a décrit en détail l'histoire de la création, laquelle contient des erreurs de physique et de chronologie fort grossières ; car il a fait le monde beaucoup plus moderne qu'il ne l'est en effet, et il compte des jours avant qu'il existât aucun signe pour les marquer ; c'est-à-dire, avant que le soleil, la lune et les étoiles eussent été créés. Or, qui débite de pareilles absurdités, en fait de physique et de chronologie, peut bien en répandre quand il s'agit de théologie et de morale. Certes, la méprise seroit grande, si elle étoit telle qu'on voudroit le faire entendre. Mais que dit le texte de la Genèse ? *Au commencement, ou dans le principe de toutes choses, Dieu créa le ciel et la terre.*

Or, qui dit au commencement, ne fixe aucun temps. Et qui pourroit le fixer, si, comme il est possible, Dieu qui est éternel, a créé le monde (1) de toute éternité ? non que je pré-

----

(1) Par monde, on entend ici l'universalité des êtres créés.

tende pour cela que le monde soit coéternel à Dieu ; car pour être coéternel à Dieu, il faudroit qu'il fût nécessairement existant comme Dieu, et aussi parfait que lui, ce qui répugne à l'idée que nous avons de la divinité. Mais quand je dis que le monde peut exister de toute éternité, j'entends par-là que Dieu a pu le créer depuis un temps illimité, par rapport à l'homme, comme on pourroit dire avec la même vérité, que l'univers est infini en étendue, par rapport à nous, quoique très-fini par rapport à Dieu. Ainsi que l'on prouve, si l'on veut, que la terre a six cent mille ans d'ancienneté et plus, ou qu'elle n'en a que six ou sept, cela ne contredit en rien les paroles de la Genèse, qui dit qu'au commencement Dieu créa le ciel et la terre, sans fixer la date de leur commune origine.

Elle la fixe dans la suite, répliquera-t-on, lorsqu'elle marque celle d'*Adam* et de ses descendans, qui ne remontent qu'à six ou sept mille ans, et qui furent créés pour ainsi dire avec la terre.

Mais est-il vrai que l'origine de la terre et la naissance du genre humain datent de la même époque, suivant le récit de Moïse ? Rien assurément ne paroît favoriser cette interprétation, ou plutôt les paroles de la Genèse indiquent positivement le contraire , puisqu'après avoir dit en deux mots , et comme en un chapitre séparé , qu'au commencement Dieu créa le ciel et la terre, elle reprend ainsi en forme de narration : *Mais la terre étoit vide et déserte.* Et pourquoi étoit-elle vide et déserte? si ce n'est parce qu'elle étoit privée d'êtres vivans et organisés , dont sans doute elle avoit déjà été peuplée ; car on ne peut être vide et dépouillé de choses qu'on n'a point encore possédées. Ensuite elle ajoute que *cette même terre se trouvoit couverte d'eaux , et ces eaux revêtues d'une atmosphère paque et ténébreuse ;* ce qui n'annonce certainement point un cahos où tous les élémens seroient confondus, puisqu'ils sont ici séparés en grandes masses.

Sans doute Dieu a pu créer de cette manière la terre dans son principe. Mais l'a-t-il fait? ou bien étoit-elle une boue détrempée, comme quelques-uns l'ont pensé, et dont les divers élémens se sont séparés , arrangés et combinés suivant les lois de leur pesanteur respective et des affinités chimiques ? ou bien, selon d'autres, un globe de feu qui, en se refroidissant, auroit produit les divers élémens dont elle est composée? C'est ce qui ne nous a pas été donné de savoir, jusqu'à présent, et qui peut-être ne le sera jamais ; car la nature primitive du globe terrestre, comme tous les premiers principes des choses, est un véritable *Protée,* qui échappe dès qu'on veut le saisir.

Fiat lux. Que la lumière soit faite. Ainsi l'ordonne l'Etre-Suprême. Aussitôt les ténèbres font place à la lumière : *Et facta est lux.* Elle perce, cette lumière, l'atmosphère opaque dont étoit couvert le globe terrestre, et arrive à sa surface liquide. Mais toute la terre ne jouit point en même temps du bénéfice de cette lumière. Une partie de sa surface est éclairée, tandis que l'autre est plongée dans l'obscurité. *Divisit lucem a tenebris, appellavitque lucem diem et tenebras noctem.* De là le jour et la nuit. Mais d'où lui vient cette alternative de jour et de nuit? Est-ce que la lumière n'étoit point universellement répandue dans l'univers, et qu'elle tournoit autour de la terre comme sur un centre immobile? Telle a été l'opinion des disciples de *Ptolomée* et de nos ancêtres, qui ne jugeoient que sur les apparences ; ou plutôt n'est-ce point que la terre tournant sur elle-même comme autour d'un axe, en vingt-quatre heures, présentoit successivement à la lumière les différens points de sa surface, comme on le reconnoît aujourd'hui assez généralement? C'est sur quoi l'Ecriture garde encore le silence, parce qu'elle n'a pas prétendu nous enseigner le système physique du monde planétaire. Quoiqu'il en soit, le premier des jours que Dieu employa à ses divines opérations, fut composé du soir et du matin. *Factum est vespere et mane dies primus.* Et c'est à cette époque et non à celle où parurent les astres, le soleil, la lune et les étoiles, que commence la chronologie sacrée, la foi nous apprenant qu'alors, selon St. Paul, les siècles prirent leur cours à la parole de Dieu, dont la vertu toute puissante et non celle des astres lumineux rendit les objets visibles sur la terre. *Fide enim intelligimus ordinata esse sœcula verbo Dei, ita ut non ex lucescentibus (astris) res factæ sint visibiles.* Ep. de St. Paul aux Héb., ch. 11, v. 2.

Au second jour il se forme un firmament qui sépare les eaux supérieures d'avec les inférieures, par ordre du souverain architecte; c'est-à-dire qu'une partie des eaux qui couvroient le globe terrestre se vaporisant, à la faveur d'une chaleur plus grande, qu'excite la lumière, s'élève et se soutient en l'air, appelé le ciel atmosphérique, bien différent de celui que Dieu créa au commencement avec la terre. Au moyen de cette évaporation et de l'écoulement d'une partie des eaux, auxquelles Dieu commanda de se retirer en un même bassin le troisième jour, la terre qui étoit sous l'eau se découvre en certains endroits, et présente une face aride, qu'on appelle des îles ou des continens, tandis qu'on nomme mer le rassemblement des eaux. Alors la terre devenue féconde par la parole divine, se couvre de verdure, de plantes et d'arbres fruitiers de toute espèce, qui ont en eux-mêmes la faculté de se reproduire. D'où il suit que les végétaux existent avant l'apparition du soleil et des astres, la chaleur que produit la lumière suffisant pour les faire croître et les nourrir, ainsi que l'expérience le démontre. Mais les animaux en général ont besoin d'une chaleur plus grande; c'est pourquoi Dieu n'en peuple les eaux, la terre et l'air, qu'après leur avoir découvert le disque du soleil, c'est-à-dire après le quatrième jour expiré. Tel est l'ordre de l'opération divine dans l'œuvre des six jours, suivant le texte de la Genèse ; ordre simple en lui-même et entièrement conforme aux lois de la nature, maintenant établies.

Cependant, objecte-t-on, dans le récit de Moïse on voit paroître la lumière avant qu'aucun astre fût créé; on y voit aussi une distinction de jour et de nuit, avant qu'il existât aucun signe propre à les produire, ce qui est contraire à la nature.

Mais croit-on que Moïse eût pris sur lui d'arranger ainsi sa narration, s'il n'y eût été forcé par une raison supérieure. En effet, ne voit-on pas que la lumière existoit avant qu'il fût question de compter les jours? Et qui a dit que le soleil, la lune et les étoiles ne concourussent point à l'apparition de cette lumière? De ce que ces astres n'étoient point visibles pour la terre, s'ensuit-il qu'ils ne fussent point créés? Il est certain que le feu existoit, puisque l'eau étoit fluide. Or, le feu ne se fait-il pas sentir sans donner aucune lumière, et la lumière sans la vue d'aucun astre lumineux? Sans doute le soleil existoit, puisque Dieu l'avoit créé en même temps que le globe terrestre. Car, qu'est-ce que le ciel, dont parle la Genèse au premier verset, si ce n'est cette voûte immense que nous voyons, parsemée d'une multitude innombrable de corps opaques et lumineux? Mais ces astres étoient restés invisibles pour la terre, parce que celle-ci étoit enveloppée d'une atmosphère si dense, que leur lumière ne pouvoit la pénétrer, jusqu'à ce que cette atmosphère, rendue perméable aux rayons de cette lumière par la parole de Dieu, eut acquis un certain degré de transparence. Avec cette demi-transparence la terre jouit du bienfait de la lumière, mais sans la vue des corps mêmes qui l'occasionnent, ou qui en sont la source. (1) Et comme elle tournoit sur son axe, ainsi qu'elle fait aujourd'hui, elle en jouissoit successivement par les différens points de sa surface. De là l'alternative du jour et de la nuit, qui peut exister naturellement, sans que le soleil se montre à la terre. Voilà précisément ce que dit la Genèse dans son récit, qu'on cherche en vain à critiquer.

Pourquoi donc, réplique-t-on, Moïse affirme-t-il positivement après le troisième jour expiré, que Dieu fit le soleil, la lune et les étoiles pour présider au jour et à la nuit, et qu'il les plaça dans le ciel, afin qu'ils servissent de signes propres à marquer les temps,

------

(1) Je dis qui l'occasionnent ou qui en sont la suite, parce qu'il règne sur cela deux opinions différentes. Newton prétend que la lumière est une émanation continuelle des corps lumineux, par eux-mêmes. Descartes a dit que ces astres mettent seulement en activité cette lumière universellement répandue dans l'espace.

les jours, les mois et les années, et qu'il fît
tout cela par rapport à la terre? N'est-ce pas
ce qui s'appelle placer l'effet avant la cause?

Réduit à épiloguer sur les mots, afin de
trouver Moïse en défaut, on veut que quand
Dieu commande aux luminaires, *sint luminaria*, de montrer leurs disques à la terre, ce
soit les créer; comme si d'écarter l'obstacle
qui empêche un flambeau d'être aperçu, étoit
lui donner l'existence. Or, Dieu, comme
nous l'avons déjà dit, n'avoit-il pas créé tous
ces luminaires en créant ensemble le ciel et
la terre au commencement de toutes choses?
Que si Moïse au quatrième des six jours,
ajoute que Dieu voulut qu'ils servissent alors
à éclairer la terre, et qu'ils fussent pour elle
des signes propres à marquer différentes périodes de temps, comme s'ils étoient faits
uniquement pour elle à l'instant; il énonce
d'abord un fait, qui est que ces astres étant
devenus invisibles pour la terre, l'acte par lequel ils sont rendus visibles, devient pour elle
une sorte de création, qui les fait sortir du
néant à son égard; il enseigne en outre une
vérité que tout homme sensé et raisonnable
se plaît à contempler avec admiration et re-
connoissance envers l'auteur de son être. En
effet, quel est celui qui ne se dise à soi-même,

sans craindre d'être taxé d'un fol orgueil, c'est pour moi que tous ces ouvrages ont été faits ? Oui, c'est pour la terre et pour chacun de nous en particulier, que toutes ces choses ont été faites, puisque nous en jouissons tous également, quoique vraisemblablement elles appartiennent aussi à d'autres mondes que nous ne connoissons pas ; car tel est l'ordre, l'union, l'ensemble et l'harmonie des œuvres du Tout-Puissant, que chaque partie semble faite pour le tout, et le tout pour chaque partie. En sorte que chaque homme peut se regarder comme centre de l'univers, c'est-à-dire d'une sphère infinie, dont le centre est partout et la circonférence nulle part.

Qu'est-ce donc que le globe terrestre, d'après le texte de la Genèse, ainsi expliqué ? Est-ce une terre peuplée nouvellement et pour la première fois ? ou une vieille planète très-anciennement habitée, laquelle ayant subi une grande révolution, a eu besoin d'être régénérée, après l'extinction de tout être vivant et organisé ? C'est sur quoi l'Ecriture garde le silence, et ce que Dieu, sans doute, a voulu abandonner aux discussions humaines.

Vous donc, qui desirez savoir depuis quel temps la terre existe, savans de toutes les nations, creusez, fouillez dans ses entrailles, examinez scrupuleusement toutes les parties dont elle est composée. Si vos recherches aboutissent à découvrir qu'elle est aussi nouvelle que le genre humain qui l'habite maintenant, la Genèse ne s'y oppose en aucune manière. Si au contraire vous trouvez qu'elle est infiniment plus ancienne que nous, elle vous l'accorde également, pourvu que vous reconnoissiez qu'elle ne s'est point faite d'elle-même, et qu'elle n'est point l'effet du hasard ou d'une force aveugle et nécessaire.

Mais l'état de désolation qui régnoit sur la terre, quelle qu'en soit l'origine, a-t-il été dissipé en six jours, de vingt-quatre heures chacun, comme semble l'indiquer le récit de Moïse ; ou bien ces jours ne sont-ils point des périodes d'un temps beaucoup plus long, et fixées par des époques tracées par la nature, ainsi que l'imaginent certains naturalistes, qui soutiennent que l'univers a été formé tout d'un jet et assujéti à des lois invariables, et que les divers accidens qui se montrent de temps à autre, en sont une suite nécessaire, sans que jamais la Providence ait besoin d'y retoucher ? On suppose, par exemple, d'après ces principes, que la terre peut avoir été originairement une éclaboussure du soleil, produite par le choc d'une comète; que cette éclaboussure, pirouettant sur elle-même, s'est arrondie; que poussée par la force centrifuge et retenue par la centripète, elle a tourné autour du soleil comme une fronde autour de la main qui la retient; que cette éclaboussure se refroidissant peu à peu, a formé un noyau opaque, ensuite une mer qui le couvre, puis une atmosphère perméable d'abord à la lumière, et bientôt après aux rayons directs des corps lumineux; qu'enfin cette éclaboussure, devenue terre habitable, a produit d'elle-même et par une vertu qui lui est propre, premièrement des herbes et des plantes, en second lieu des animaux de toute espèce, et cela sans germes préexistans et sans matrice aucune, excepté celle de la terre, qui par conséquent est véritablement et à la lettre, la mère commune de tous les vivans, comme la représentoit la fabuleuse antiquité. Ainsi s'explique naturellement, suivant *Buffon*, l'œuvre des six jours, en prêtant à chaque opération le laps de temps qui lui convient; et ces périodes de temps, qu'on appelle jours, équivalent à des millions d'années.

Que la terre et tout le système planétaire dont elle fait partie, soient le résultat d'un choc de comète passant au travers du soleil, c'est un accident si grand, si considérable, qu'on aura bien de la peine à se persuader qu'il ait jamais eu lieu. On aimera mieux croire que la terre et tout ce qui l'accompagne furent jetés en moule en même temps que tout le reste de l'univers. Quoiqu'il en soit de ces diverses opinions, est-il probable que le chaos qui régnoit alors sur la terre, et qui ne ressemble en rien à l'état où elle se trouvoit avant l'œuvre des six jours, ait pu se débrouiller de la manière dont on vient de le décrire, par une suite des lois générales de la nature? Nous l'ignorons complètement, et ce seroit une grande témérité d'oser l'affirmer. Mais ce que nous savons certainement, c'est que jamais la terre n'a eu la fécondité génératrice qu'on lui attribue, qu'elle ne produit d'elle-même ni végétaux, ni animaux, et que si les germes et les semences qui les contiennent venoient à être détruits par un accident quelconque, en vain le soleil échaufferoit la terre, en vain la rosée du ciel l'humecteroit, on ne verroit ni plantes orner sa surface, ni poissons nager dans les eaux, ni volatiles fendre la plaine de l'air, ni quadrupèdes bondir dans les champs et les bois; la terre seroit vide et déserte comme avant

l'œuvre des six jours. *Terra esset inanis et de-
serta.* C'est une vérité attestée par l'expérience
de tous les siècles. Car qui a jamais vu paroître,
depuis que le monde existe, une nouvelle espèce de plantes et d'animaux ? On a beau dire
que l'on ne connoît point toutes les forces de
la nature, et chercher dans de prétendues
molécules organiques, comme Démocrite
dans ses atômes, de quoi étayer une généra-
tion spontanée d'animaux, on ne viendra jamais à bout de persuader à un homme sensé
et raisonnable, qu'un pré puisse produire des
moutons, ni un champ en friche ou labouré,
des hommes tout armés, comme du temps de
Jason et de *Cadmus.*

Mais peut-être la terre épuisée à force de
produire, est-elle devenue stérile ; car ne dit-
on pas tous les jours qu'une terre perd de sa
fécondité. Sans doute ; mais il s'agit alors
d'une fécondité nutritive et non génératrice.
Ainsi, supposé que la terre soit une croûte
détachée du soleil par le choc d'une comète,
ou que créée en même temps que tout le reste
de l'univers, elle ait subi une révolution qui
l'ait totalement privée d'êtres vivans et organisés, toujours est-il constant que ces deux
règnes de la nature n'ont pu lui être restitués
que par un ordre particulier de la Providence,

qui gouverne le monde. Le récit de Moïse est donc inébranlable, quant à cette partie. Or, si l'on est forcé de reconnoître que la Providence divine soit intervenue pour la formation des animaux et des végétaux qui sont sur la terre, pourquoi ne pas penser qu'elle ait fait la même chose pour en débrouiller le chaos, ou plutôt pour la tirer de l'état de désolation où elle étoit plongée, et y mettre l'ordre et l'arrangement que nous voyons? L'un n'est pas plus difficile à croire que l'autre, et ne répugne pas davantage à la sagesse divine. D'ailleurs pourquoi Dieu auroit-il laissé cette planète inhabitée et inhabitable pendant des millions d'années? et pourquoi auroit-il employé une multitude de siècles à former un ouvrage qu'il pouvoit achever en un instant, et qu'il a jugé à propos de terminer en six jours, suivant le texte de la Genèse, pour nous faire sentir qu'il est parfaitement maître de la matière et de son opération? Pourquoi encore.... Mais à quoi bon en dire davantage? On ne persuadera jamais en raisonnant, des hommes qui veulent absolument que la nature ait tout fait d'elle-même, et qui prétendent que ses lois, inaltérables en leur essence, ne souffrent aucune exception. C'est qu'il y a des opinions erronées auxquelles on se complaît, et qui sont tellement enracinées dans les esprits, que rien ne peut les extirper. En général, trois grandes erreurs ont partagé la vie du genre humain, presqu'entièrement depuis sa naissance jusqu'à présent, l'*athéisme*, le *polythéisme* et le *naturalisme*. La première, issue de l'abondance et d'une suite permanente de prospérités et de plaisirs, dont jouirent les premiers hommes au sortir du Paradis terrestre, fut noyée dans les eaux du déluge. La seconde, fille de l'ignorance et des passions qui s'emparèrent du cœur et de l'esprit humain après cette grande catastrophe, eut besoin d'être corrigée par des prodiges et des miracles sans nombre, propres à rappeler l'homme à l'unité de Dieu. La troisième, fruit d'un libertinage philosophique, ne pourra l'être qu'en ébranlant de nouveau le ciel et la terre, et en renversant toutes les lois de la nature.

On voit bien maintenant pourquoi Dieu n'a pas créé le monde suivant le système des naturalistes. S'il l'eût créé de cette manière, il auroit perdu toute espèce de rapport moral avec sa créature. Endormi par la prospérité et gouverné par une habitude continuelle de lois constantes et invariables, le genre humain auroit oublié totalement son auteur.

La Genèse, dira-t-on enfin, a une chronologie, et cette chronologie, qui ne remonte qu'à six mille ans environ, ne s'accorde nullement avec les longues chroniques que nous ont transmises les Egyptiens, les Chaldéens, etc.

Sans doute il suffiroit pour écarter l'objection, de répondre que toutes les chroniques dont il s'agit ne contenant aucun fait historique qui mérite la moindre créance, ou dont la supposition ne soit évidente, elles ne peuvent être regardées comme de vrais monumens chronologiques appartenant à l'histoire des peuples dont elles portent le nom. En effet, quelle apparence que ces peuples nous eussent transmis des dates historiques sans aucun fait authentique qui les caractérise! Or, une chronologie sans faits doit passer pour une chimère aux yeux de tout homme sensé. Que sont donc, demandera-t-on, ces périodes de temps, telles qu'on voudra les nommer? Quand il seroit impossible de satisfaire à la question, il n'en est pas moins vrai qu'on n'en pourroit tirer aucune conséquence contre le livre de la Genèse. Mais maintenant on peut assurer que ces prétendues chroniques ne sont réellement que des sommes de temps, calculées par des astronomes anciens, pour faire coïncider les mouvemens du soleil, de la lune et des étoiles à certaines époques, comme l'a parfaitement démontré un savant de nos jours.

Quoiqu'il en soit, insistera-t-on, ces périodes étant fondées sur des observations astronomiques, elles ont dû exiger une multitude de siècles pour être portées au degré de perfection où elles se trouvent : conséquemment leur origine est antérieure à la Genèse. Quoi donc! est-ce que pour former de telles périodes, il est nécessaire de les avoir parcourues en entier? ne suffit-il pas d'en connoître les élémens? Or, il est certain que pour connoître ces élémens, quelques siècles suffisent à des hommes qui savent observer avec intelligence ; et certes en Egypte et en Chaldée on possédoit cette science à un degré éminent, à en juger par la perfection et la solidité des instrumens astronomiques, dont il nous reste des vestiges dans ces superbes aiguilles gnomoniques, que le temps et la barbarie des siècles n'ont pu détruire entièrement, ainsi que dans ces immortelles pyramides, où des prêtres voués par état à l'étude de la nature et à l'instruction publique, s'ensevelissoient comme dans un tombeau, pour être à portée d'observer sous un ciel pur et serein, pendant le silence de la nuit, à la faveur d'une lampe sépulcrale, les divers mouvemens des corps célestes. Quoiqu'il n'existe plus de traces de la tour de Babel, personne n'ignore que cette tour, si fameuse par la confusion des langues, dont elle fut l'occasion, devint aussi chez les Chaldéens un célèbre observatoire. (1) On ne

---

(1) J'ai dit, qui en fut l'occasion et non la cause. A la vérité on a long-temps cru que l'orgueil et la vanité avoient présidé à la construction de la tour de Babel, et avoient été la cause de la confusion des langues. C'est une erreur de la *vulgate*, qui met dans la bouche des arrière-petits-fils de Noë ces paroles insignifiantes : Célébrons notre nom, *celebremus nomen*, au lieu de *elevemus signum*, élevons un signal, *antequam dispergamur*, avant de nous disperser. En effet, quelle apparence que des hommes à peine échappés du déluge aient formé le projet insensé de rendre leur nom célèbre par l'érection d'une tour monstrueuse? Il est bien plus naturel de penser avec le savant *Goguet*, qu'au lieu d'être un monument d'orgueil, la tour de Babel ne fut originairement qu'un grand phare élevé au milieu des vastes plaines de la Chaldée, pour servir de point de ralliement aux peuples de cette contrée, qui, craignant de s'égarer sur une terre sauvage et déserte, se pressoient autour de cet édifice, auquel ils ajoutoient de nouveaux

peut donc rien conclure contre la chronologie de la Genèse, de toutes les longues périodes que l'on tient des anciens peuples, puisqu'il est évident que ces longues périodes, entièrement détachées de leur histoire, peuvent être le résultat d'observations astronomiques, faites dans un espace de temps beaucoup plus court que celui qu'elles embrassent.

étages, à mesure qu'ils étoient forcés de s'en éloigner. C'est pourquoi Dieu, qui vouloit repeupler promptement la terre, prit le parti de confondre leur langage, ou plutôt, suivant l'hébreu, de changer leur prononciation, afin d'isoler totalement des hommes obstinés à rester unis ensemble en un même lieu.

Le bon sens et la raison portent à croire également que les pyramides d'Egypte furent bâties pour servir de fanaux, à l'instar de nos clochers, lorsque ce pays entièrement inondé, formoit comme une vaste mer, et que l'astronomie, qui en avoit tracé les fondemens et dirigé les angles vers les quatre points cardinaux de l'horison, s'en saisit en même temps pour faire des observatoires; car il n'est nullement probable que des rois aient fait élever de pareilles masses, uniquement dans la vue de satisfaire leur orgueil ou de s'ériger un tombeau. Que quelques-uns d'entr'eux aient souhaité d'y être déposés après leur mort; cela peut être; mais le public y trouvoit également son avantage.

En vain voudroit-on appuyer le système contraire par la prétendue antiquité du zodiaque, dont un érudit moderne a cru pouvoir faire remonter l'invention à plus de treize mille ans au-dessus de l'ère vulgaire, en raisonnant ainsi :

« Comme la situation de l'Egypte et
» l'inondation du *Nil* y placent les saisons à
» l'inverse de la plupart des climats tempérés
» de l'Asie et de l'Europe, de manière que le
» printemps de l'Egypte se rencontre vers le
» commencement de l'automne de ces der-
» niers, il est clair, a dit l'académicien *Du-*
» *puis*, qu'on dut adopter en Egypte un ca-
» lendrier absolument opposé à celui des
» autres pays, en mettant le premier signe
» du zodiaque où ceux-ci placent le septième.
» Or, poursuit-il, comme le zodiaque égyp-
» tien est le même que celui qui est adopté
» partout ailleurs, et *que ce zodiaque tel qu'il*
» *existe ne convient qu'à l'Egypte*, il s'en suit
» que son invention doit être attribuée à ce
» pays préférablement à tout autre. Mainte-
» nant, continue toujours le même auteur, le
» premier signe du zodiaque, savoir, le *bé-*
» *lier*, qui a dû être originairement en
» Egypte le signe du printemps, se trouve
» maintenant dans la constellation du *ver-*

» *seau* par l'effet de la précession des équi-
» noxes , qui rend l'année tropique plus
» courte que la sidérale. Donc, conclut-il,
» ce signe a rétrogradé de plus de sept cons-
» tellations : ce qui n'a pu s'effectuer que
» dans l'espace de plus de quinze mille an-
» nées, qui se sont écoulées depuis l'inven-
» tion du zodiaque jusqu'à nos jours , le mou-
» vement rétrograde des étoiles fixes , par
» rapport aux points équinoxiaux , étant de
» trois cent soixante degrés , ou du cercle en-
» tier de la sphère en vingt-cinq mille six cents
» ans à peu près. » Tel est le raisonnement
de l'académicien *Dupuis*, dans sa *Disserta-*
tion sur l'origine des Constellations du Zo-
diaque. Et il faut avouer qu'il seroit difficile
de le réfuter, si le fait qu'il suppose étoit
fondé en réalité, c'est-à-dire, s'il étoit vrai que
le zodiaque ne puisse convenir qu'au climat
de l'Egypte. Mais quiconque voudra se donner la peine de vérifier le fait en question , par
l'application des signes zodiacaux, placés à
l'inverse des nôtres, trouvera au contraire
que ces signes ne s'accordent ni avec le climat
de l'Egypte, ni avec les différentes positions
du soleil, auxquelles ils ont pourtant un rapport évident ; car comment l'*écrevisse*, par
exemple, qui marche à reculons , et qui dans

l'hypothèse de *Dupuis* devoit répondre au solstice d'hiver, peut-elle représenter le soleil, qui acquiert alors une marche tout opposée? Comment la chèvre, animal toujours grimpant, pourroit-elle figurer la marche rétrograde du soleil vers le solstice d'été? Comment le *sphynx* à tête de vierge antée sur un corps de lion, qui précipitoit dans les eaux ceux qui ne savoient deviner ses énigmes, symbole évident du débordement du Nil, qui a lieu lorsque le soleil entre dans les signes du lion et de la vierge, comment, dis-je, ce sphynx auroit-il pu annoncer le retour périodique de ce débordement, et comment ce dé-bordement auroit-il pu exister, si le soleil au lieu d'avoir dépassé le tropique du cancer, eût encore été éloigné d'atteindre l'équinoxe du printemps? Il y auroit bien d'autres objections à faire contre le système de *Dupuis*; mais celles-ci suffisent pour démontrer que l'Egypte ne peut, sous quelque rapport que ce soit, revendiquer pour elle l'invention du zodiaque. Elle ne le pourroit pas davantage dans le cas où il se trouveroit chez elle un zo-diaque qui eût ses signes à l'inverse des nôtres; car alors que prouveroit cette inversion? sinon que l'on auroit cherché à adapter au climat de l'Egypte un zodiaque qui ne lui convient en aucune manière. Ainsi, que l'Egypte ait eu un zodiaque semblable ou inverse du nôtre, il est certain que ce zodiaque tel qu'il soit n'appartient point à l'Egypte, mais à un peuple plus ancien en astronomie que les Egyptiens, et situé en un climat tout différent du leur. Or, ce climat est celui d'*Assyrie*, d'où la colonie d'Egypte l'emporta avec elle lors de son émigration, comme firent la plupart des autres peuplades, qui allèrent s'établir ailleurs. En effet l'Egypte étoit trop fière et trop infatuée de son mérite, pour avoir emprunté hors de chez elle un zodiaque qui ne convient nullement à sa situation, si elle n'en avoit déjà été en possession avant sa fondation.

Maintenant, si l'on demande en quel temps s'est faite cette découverte si utile à l'agriculture, il suffira de dire que le zodiaque étant tout composé de figures symboliques relatives à la diversité des saisons, il ne peut remonter plus loin que la variété de ces mêmes saisons. Or, il paroît constant que cette variété n'avoit point lieu avant le déluge, d'après le témoignage unanime des historiens tant sacrés que profanes, d'après celui des poëtes, qui tous représentent les premiers habitants de la terre comme jouissant d'un

printemps perpétuel , d'une température toujours égale et d'une durée de vie de plusieurs
siècles ; ce qui s'accorde parfaitement ensemble ; car, qui doute que la constitution physique des premiers hommes , telle
forte et robuste qu'on la suppose, n'eût pu
résister si long-temps aux coups multipliés
d'une température aussi variée qu'est celle
que nous éprouvons maintenant ? Ainsi ,
quelqu'étrange que puisse paroître le récit
des historiens et des poëtes touchant ce premier âge du monde, cependant on ne peut
nier qu'il ne soit conforme à la nature.
D'ailleurs, où auroient-ils puisé ces idées
d'un bonheur imaginaire , si ce n'est dans la
tradition qui s'en étoit conservée parmi les
enfans de Noé ?

Qu'on ne croie pas que le péché d'Adam et
la condamnation prononcée contre lui par
Dieu même , s'opposent à ce que les hommes
aient pu jouir avant le déluge d'un état aussi
heureux qu'on vient de le décrire. Sans doute
l'homme après sa révolte fut condamné à
mourir ; mais la mort vint à pas lent. Il fut
condamné à vivre du fruit de son labeur ; mais
ce n'étoit point un travail opiniâtre , comme
celui auquel nous sommes maintenant assu-
jétis. Il fut chassé du paradis terrestre ; cela

est vrai. Mais le lieu de son exil, la terre, ne devint point tout à coup rébelle et stérile, comme on se l'imagine ordinairement. Elle produisoit des fruits en abondance, dont il se nourrissoit sans beaucoup de peine et sans être obligé d'avoir recours à la chair des animaux : ce qui fit qu'abusant de l'indulgence du Créateur, il se livra à toutes sortes d'excès. Dieu suscita le déluge pour le punir de son ingratitude et purger la terre des crimes qui l'infestoient. Alors la sentence prononcée contre l'homme dans le Paradis terrestre eut une rigoureuse exécution. Sa constitution s'altéra promptement et la durée de sa vie s'abrégea au point de n'être plus que la dixième partie de ce qu'elle étoit auparavant.

Maintenant un fait non moins avéré que les précédens, par tous les monumens de l'histoire physique et morale du globe terrestre, c'est que le déluge qui a occasionné un si grand changement dans sa température, ne remonte guère à plus de quatre mille ans ; ce qui réduit nécessairement l'invention du zodiaque à des temps postérieurs. De plus, comme les arts sont enfans du besoin, il est probable qu'avant le déluge il n'existoit ni

almanach, ni écriture. (1) Ce qu'il y a de certain, c'est qu'aucun antiquaire jusqu'ici n'en
a montré de vestiges qu'on puisse regarder
comme authentiques. Si donc il est vrai de
dire que cette terre existe depuis une multitude innombrable de siècles, certainement le
monde qui l'habite maintenant est tout nouveau par rapport à elle, et Moïse a dit la vérité
sur ce point comme sur tout le reste, en nous
révélant l'époque très-peu reculée de la naissance du genre humain. Ainsi s'évanouissent
toutes les objections faites contre la Genèse ;
ainsi disparoissent toutes les difficultés que
sembloit présenter son récit.

---

(1) Mais, objectera-t-on, comment sans almanach
ni écriture, a-t on pu conserver la mémoire des faits,
la date des temps et le nombre des années de ceux
qui ont vécu avant le déluge ? Pour répondre à cette
objection, il suffira de remarquer que toute l'histoire
de la Genèse n'embrasse qu'un tres-petit nombre de
faits importans à savoir et à retenir ; que toute la
connoissance des temps consistoit en une année sidérale facile à déterminer par le lever ou coucher
héliaque d'une étoile quelconque ; qu'enfin toute la
chronologie antidiluvienne se réduit à l'époque de
la naissance et de la mort de huit ou neuf chefs de
générations, dont on pouvoit même décharger sa
mémoire moyennant une marque grossière, ou avec
de petits cailloux.

Maintenant pour rappeler en peu de mots ce que contient cet admirable récit, qu'on se figure le ciel et la terre créés dans le principe de toutes choses ; celle-ci roulant dans l'espace immense des cieux, autour du soleil, comme elle fait aujourd'hui, mais se trouvant vide et désolée, ensevelie sous un abîme d'eaux, ces eaux investies d'une atmosphère opaque et ténébreuse. Qu'on se représente ensuite le *Très-Haut* daignant jeter sur elle un regard propice, et renouveler en sa faveur une des merveilles de la création, en lui rendant d'abord sa lumière, puis rétablissant son atmosphère, la tirant de dessous les eaux, l'ornant de végétaux, la repeuplant d'êtres vivans et organisés, et l'on aura le tableau véritable de l'œuvre des six jours.

Qu'on suppose en outre l'historien sacré transporté dans le sanctuaire de la divinité, et témoin de tout ce qui vient de s'opérer. Quel style empruntera-t-il pour peindre ce qu'il a vu ? est-ce celui d'une pompeuse églogue, ou d'une ode pindarique ? Mais ce seroit montrer l'enthousiasme du poëte, plutôt que la majestueuse simplicité des opérations par lesquelles le *Tout-Puissant*, d'un seul mot, fait sortir du néant les plus étonnantes merveilles. Dieu dit, ainsi s'exprime Moïse :

Que la lumière soit; et à l'instant la terre est éclairée.

Qu'un firmament se forme au milieu des eaux, etc.

Que les eaux se retirent en un même lieu, etc.

Que la terre se couvre de verdure et de plantes de toute espèce, etc.

Que le soleil, la lune et les étoiles montrent à la terre leurs disques lumineux, etc.

Que l'air, la terre et l'onde se peuplent d'animaux, de volatiles et de poissons. Et à chaque parole qui sort de la bouche du Tout-Puissant, tout se fait, tout s'exécute ponctuellement suivant l'ordre qu'il a donné.

Alors quittant tout-à-coup la parole qui commande avec empire à toute la nature, et rentrant en lui-même pour prendre conseil de quelqu'un égal à lui, faisons, dit-il, l'homme à notre image et à notre ressemblance. En conséquence il met la main à l'œuvre et tire de son propre fond un être qui lui ressemble en sagesse et en intelligence. Ainsi l'homme sort immédiatement des mains du créateur; privilége unique qui, sans dégrader la majesté divine, relève infiniment la dignité de la créature qui en est l'objet. Or, comme tout ce que ce grand Dieu

opère est bon et digne de sa sagesse, chaque
chose qu'il fait il l'approuve, en jetant sur
elle un regard de complaisance et lui donnant
une bénédiction particulière. Tel est le langage de Moïse et le style dont il s'est servi
pour peindre l'œuvre des six jours. Rien ne
paroît l'émouvoir ni l'étonner. Sa narration
est aussi simple que l'action qu'elle représente. C'est ainsi que les apôtres évangélistes
ont tracé les actions et les événemens de la vie
de J.-C. Racontent-ils les miracles qu'il a
faits? c'est avec cette simplicité qui caractérise les œuvres de la toute-puissance divine.
S'ils le font parler lui-même, aucun mouvement oratoire ne prépare ou n'accompagne
ses discours. Il enseigne sans s'émouvoir les
vérités les plus sublimes, et cependant la
grâce et la persuasion coulent incessamment
de ses lèvres. S'ils parlent d'eux-mêmes, ils le
font avec une ingénuité qu'on ne sauroit
s'empêcher d'admirer; ils ne cherchent ni à
se faire valoir, ni à pallier leurs fautes, ni à
cacher leur ignorance et leur grossièreté; sin-
cérité qui n'a d'exemple nulle part. Enfin,
nulle passion, nul signe de colère et d'indi-
gnation ne se remarquent dans leurs écrits,
pas même lorsque leur maître, trahi par un
de ses disciples, est livré à ses ennemis, ba-

foué, conspué, flagellé et condamné au supplice des plus grands scélérats. Certes, un pareil langage, loin d'être bas et méprisable, est au-dessus de l'assiette de l'esprit humain, et prouve clairement que le véritable historien de ces œuvres est celui qui les a faites.

Accord de la Genèse avec la Mythologie, et leur commune origine.

Aucun des philosophes, jusqu'ici, n'a osé se donner pour auteur de la religion, parce qu'ils savoient bien qu'elle existoit avant eux, et qu'ils l'avoient trouvée tout établie avant qu'ils se donnassent la peine de discuter ses principes et ses maximes, pour les appuyer ou les combattre. (1) D'où vient donc cette religion dont l'origine se perd dans la nuit des temps chez tous les peuples du monde? Quelques-uns ont avancé qu'elle étoit l'ouvrage de la politique et le fruit des passions humaines. Ils se trompent; les passions humaines peuvent bien altérer la reli-

____

(1) Fohé chez les Chinois, Zoroastre chez les Perses et Numa chez les Romains, ne fondèrent point la religion qu'on leur attribue communément; ils en furent tout au plus les réformateurs, ainsi qu'ils l'avouent eux-mêmes, en y ajoutant certaines pratiques et cérémonies. Mais ce ne sont point les pratiques et les cérémonies qui constituent le fond d'une religion.

gion, mais non la créer. La politique peut aussi s'en servir comme d'un moyen pour arriver à ses fins; mais elle n'en est point l'inventrice.

La peur, dit-on, la feroit naître quand elle n'existeroit pas; car au milieu d'un naufrage ne voit-on pas l'homme destitué de ressource élever ses yeux au ciel pour implorer l'assistance d'un être supérieur à lui? Ce qui fait parler ainsi, c'est qu'on confond deux choses, l'homme imbu de religion avec celui qui n'en a point. Sans doute un homme qui a reçu quelques principes de religion par l'éducation, implorera le secours de la divinité dans un pressant danger; mais celui qui n'en a encore aucune teinture, à la vue d'un péril imminent s'enfuira, ou se cachera, ou se résignera, s'il ne peut faire autrement; et c'est à quoi se termineront toutes ses pensées et ses agitations. Mais quoi! la vue des merveilles de la nature ne doit-elle pas porter ceux qui les contemplent à rendre hommage à son auteur et à l'adorer intérieurement? Et quel culte lui rendroient des hommes qui ne le connoîtroient pas et qui s'ignoreroient profondément eux-mêmes? Une admiration stérile est tout ce que produit ce spectacle dans ceux qui en sont le plus enchantés, à moins qu'ils n'aient puisé ailleurs des sentimens de religion. Si le plus grand des philosophes, si Socrate en mourant ordonne à ses amis de sacrifier un coq à Esculape, comme pour le remercier de la délivrance de son âme ; c'étoit une ironie de sa part, ou un reste des préjugés de son éducation, ou peut-être afin de paroître se conformer à l'usage établi, comme il avoit fait durant toute sa vie ; car bien qu'il diffamât en particulier l'idolâtrie, il ne laissoit pas de la pratiquer en public, comme le peuple d'Athènes. L'homme n'est donc point naturellement religieux. Je parle de cette religion répandue par toute la terre, que professoient même les païens, laquelle consiste non - seulement à adorer un être suprême, mais à se reconnoître pour son vassal et son débiteur, auquel il peut faire grâce en lui offrant des sacrifices et des prières.

Mais si c'est une erreur de penser que la religion soit le fruit ou de la réflexion, ou des passions humaines, ou de la politique, c'est une méprise plus grande encore de croire qu'en fait de la religion, l'erreur ait précédé la vérité. Non, jamais les hommes ne se fussent prosternés devant une muette idole, s'ils n'avoient auparavant été instruits à le faire devant l'Etre-Suprême. Ainsi le culte primitif a été sans contredit celui du vrai Dieu, que Dieu lui-même avoit dicté, lorsqu'il se manifestoit aux hommes d'une manière sensible. Après qu'une infidélité criminelle de leur part eut rompu ce commerce intime avec la divinité, et qu'elle se fut soustraite à leurs yeux, ils ne la perdirent pas pour cela de vue entièrement; ils la voyoient encore dans la nature; ils la voyoient surtout dans l'œuvre des six jours, nouvellement sortie de ses mains toutes-puissantes. L'image s'en retraçoit sans cesse à leurs yeux par cette admirable succession du jour et de la nuit. Afin d'en perpétuer le souvenir, ils la peignirent sous des emblêmes différens, au défaut de l'écriture alphabétique, qui sans doute n'étoit point encore née. Consacrés par un respect religieux, ces emblêmes devinrent pour leurs descendans une source d'erreur d'autant plus grande, qu'ils s'éloignèrent davantage de l'époque de cette institution. D'abord l'idée de la chose figurée s'altéra peu à peu dans l'esprit des hommes charnels et grossiers, puis elle se confondit totalement avec l'emblême. Alors oubliant le véritable objet de leur culte, ils s'attachèrent à l'écorce et à la figure. De-là l'origine de l'idolâtrie, qui régna généralement chez toutes les nations du monde , excepté chez les Hébreux. Ce culte ne fut point partout le même ; il prit différentes formes , suivant le génie de chaque peuple. Chez les Orientaux et les Perses il se fixa à l'adoration des élémens , du feu , de la lumière et des astres , qui paroissent en être la source. Chez les Syriens , les Phéniciens et les Grecs , prenant un caractère plus animé, il devint celui de la nature personnifiée , tandis qu'en Egypte on vit l'homme se prosterner humblement devant les plus vils animaux , qui avoient servi de prototypes aux hiéroglyphes sacrés. L'origine de toutes les mythologies est donc la Genèse, ou la nature personnifiée, ensuite historifiée, enfin divinisée. C'est ce que nous allons démontrer , en comparant l'œuvre des six jours avec les élémens de la mythologie la plus connue, qui est celle des Grecs. Mais avant d'entrer en matière , il est bon d'observer que dans le langage figuré de la mythologie les termes de filiation , de mariage , de fraternité , etc. , signifient ordinairement succession , union , conjonction de choses dans l'ordre de la nature et des temps.

Parmi une infinité de preuves historiques que nous pourrions donner en faveur de l'o-

pinion que nous venons d'émettre touchant
la religion primitive et sur l'origine de l'idolâtrie ; nous nous contenterons de citer un
passage d'*Hérodote*, le premier et le plus savant historien de la Grèce. C'est dans son second livre intitulé *Euterpe*, p. 175 de la ver-
sion latine, imprimée à Lyon en 1551. Après
avoir parlé fort en détail du culte religieux
chez les Egyptiens, passant à celui des
Grecs, il assure « qu'il tient de la bouche
» même des prêtres de *Dodone*, ce sont ses
» propres termes, que les *Grecs*, les *Pélages*
» et les peuples de la *Samotrhace*, dont les
» précédens étoient issus, *avoient commencé*
» *par adorer des dieux sans nom, qui n'é-*
» *toient représentés par aucune figure;* que le
» culte idolâtre avec ses différens attributs
» leur étoit venu du commerce des Egyp-
» tiens et des Phéniciens. Ils n'adoptèrent
» pourtant, ajoute le même historien, ce
» culte, que du consentement de l'oracle de
» *Dodone*, qui étoit en ce temps-là le centre
» du *druidisme* chez les peuples encore sau-
» vages de cette contrée. D'abord ce culte des
» idoles fut sans ordre et sans principes ; mais
» dans la suite et long-temps après, les poé-
» sies d'Homère et d'Hésiode enseignèrent à

» la Grèce la généalogie de tous ces dieux,
» qu'on adoroit isolément et sans savoir leur
» origine. »

D'où il résulte évidemment, quoique l'auteur parle au pluriel, que le culte primitif chez les Grecs encore sauvages, fut celui du vrai Dieu, dont le nom leur étoit inconnu, et que l'idolâtrie leur fut communiquée par des peuples civilisés, chez qui d'abord elle s'étoit introduite, au moyen de la sculpture et de la peinture.

Tel étoit le *Dieu inconnu*, auquel on avoit érigé un autel dans Athènes, par un scrupuleux attachement à l'antique et primitive religion, qu'on ne connoissoit plus et dont S. Paul, cet envoyé de J.-C., vint rappeler le souvenir à la Grèce étonnée de sa longue et profonde léthargie.

Comment donc les hommes ont-ils pu devenir idolâtres après avoir adoré le vrai Dieu? Ce n'est certainement point par un abus de raisonnement; c'est au contraire en ne raisonnant nullement; c'est en prenant à la lettre une écriture figurative, qui ne parloit qu'aux sens. L'absurdité de l'idolâtrie en est la preuve la plus complète. Or, si l'idolâtrie est un effet du sommeil de la raison, c'est donc bien vainement qu'on s'efforce de lui trouver une origine raisonnée, comme font la plupart des philosophes qui traitent de cette matière.

Abrégé de Mythologie, ou généalogie des Dieux, d'après Homère, Hésiode, Sanchoniaton, auteur phénicien, et autres de même espèce.

La Genèse mise en tableau, ou la Nature personnifiée, divinisée et historifiée.

———

Texte de la Genèse. *Berasit Eloim bera.*	*Mythologie.*
Dans le principe de toutes choses, Dieu créa le ciel et la terre, c'est-à-dire l'assemblage de tous les corps qui composent le système de l'univers. *In principio Deus creavit cœlum et terram.*	*Elion*, le premier et le plus grand des Dieux, avec sa femme *Berhout* (*la création*), donna naissance à *Cœlus* et à *Vesta* (la terre.)
Mais la désolation et la mort régnoient sur la terre, privée de tout être vivant et organisé. *Terra autem fuit inanis et deserta.*	Le *Tartare* et l'*Erèbe*, enfans de *Cœlus* et de *Vesta*, profitant de la foiblesse ou de l'insouciance de leur père, usurpent sur leur mère

Texte de la Genèse.	*Mythologie.*
	un pouvoir tyrannique, et lui font éprouver toutes sortes d'outrages.
Les ténèbres couvroient la surface de la terre déserte et plongée sous les eaux. *Et tenebræ super faciem abyssi, vel vacui.*	Non contens de voir cette mère désolée, abimée dans la douleur et plongée dans un Océan d'amertume, *Titan* et la *Nuit*, également issus de *Cœlus* et de *Vesta*, exercent aussi sur elle leur ténébreux empire.
L'esprit de Dieu couvrant les eaux, comme un oiseau qui couve ses petits sous ses ailes, les échauffoit de son souffle divin. *Spiritus Dei incubabat super aquas.*	Cependant un dieu plein de charmes, quoiqu'enfant de la *Nuit*, l'*Amour*, s'insinuant dans le cœur de *Vesta*, cherche à la consoler en ranimant son espoir.
Dieu dit alors : Que la lumière soit ; et la lumière fut. Il sépare cette lumière d'avec les ténèbres, ensorte que le jour	Alors *Chronus* ou *Saturne*, autre fils de Cœlus et de Vesta, vient interrompre le règne du Tartare et des Ténèbres,

Texte de la Genèse.	*Mythologie.*

et la nuit se succèdent tour à tour. Ainsi le temps commence son cours, le temps, qui consume tout ce qu'il fait naître, en empruntant du ciel sa fécondité. *Dixit Deus : Fiat lux et facta est lux. Divisit lucem a tenebris; appellavitque lucem diem et tenebras noctem.*

en partageant l'empire avec *Titan* son frère aîné, et c'est *Nemesis* *, fille de la Nuit, qui fait le partage entre les deux frères. Mais *Chronus* par l'accord fait entre *Titan* et lui, est forcé d'être un dieu cruel, en dévorant ses propres enfans; et même à l'instigation de sa mère, il mutile son père, dont le sang répandu sur la

---

* *Nemesis*, qui en grec signifie division, distribution, étoit regardée comme une divinité terrible aux mortels, parce qu'elle étoit censée distribuer les peines infligées par la justice céleste. On la représentoit ordinairement un glaive à la main, suivie de *Saturne* et précédée de figures noires et éthiopiennes. Telle étoit la statue qui lui fut érigée aux champs de Marathon, après la célèbre victoire remportée sur les Perses par les Athéniens. Est-il possible de mieux peindre le *divisit lucem a tenebris*, c'est-à-dire le partage entre la lumière et les ténèbres, entre *Chrone* et *Titan*?

Texte de la Genèse.	*Mythologie.*
	terre devient une source de fécondité.
Au second jour, Dieu dit : Qu'il se forme un firmament capable de soutenir une partie des eaux qui sont sur la terre ; et à l'instant il se forme un firmament, qu'on appelle le ciel atmosphérique, région des nuages, du tonnerre et des éclairs, séjour des météores les plus brillans et des phénomènes les plus merveilleux de la nature, dont le soleil est la source, comme il l'étoit du jour qui brilloit déjà, quoiqu'il fût lui-même invisible à la	*Chronus* ensuite épousant *Rhea** ou *Cybèle*, en eut la belle *Junon*, ou *Eré*, égale à sa mère en grandeur, *Eré*, mère de *Thaumas* et des plus augustes divinités de l'Olympe. Il en eut aussi *Jupiter*, destiné à devenir le mari de Junon ; mais sa mère le tint caché durant quelque temps, de peur qu'il ne devînt la proie de son père, suivant l'accord que celui-ci avoit fait avec Titan, de dévorer tous les enfans mâles qui naîtroient de lui.

---

* Rhea, Cybèle et Vesta, noms de la terre, considérée sous différens rapports, d'abord comme animée par le feu, ensuite comme devenue féconde par la parole divine.

Texte de la Génèse.

terre. *Dixit Deus: Fiat firmamentum, quod dividat aquas ab aquis, et factum est firmamentum quod vocavit cœlum, etc.*

Au troisième jour, Dieu dit : Que la partie des eaux qui restent sur la terre, se retire en un même bassin, et que l'élément *aride* paroisse. Qu'il se couvre en même temps de verdure, de plantes et d'arbres fruitiers de toute espèce, ayant des semences capables de les reproduire. Aussitôt les eaux se rassemblent en un bassin qu'on appelle la *mer*, la terre se découvre, se revêt de plantes et d'arbres fruitiers de toute sorte, qui ont en eux des semences reproductives,

Mythologie.

Chrone eut encore de *Cybèle* le bruyant *Neptune*, dieu qui porte le trident, ou un triple sceptre, comme étant le dominateur des mers qui entourent la terre, et régnant par conséquent sur les trois parties du monde, dont on li croyoit anciennement composée. Après la naissance de Neptune, *Cybèle*, devenue plus féconde, est la mère d'une infinité d'enfans de toute espèce, que dévore *Saturne* leur père. Mais *Jupiter*, à la sollicitation de *Vesta*, l'obligera

4

Texte de la Genèse.

au moyen desquelles les espèces sont immortelles. *Dixit vero Deus : congregentur aquæ quæ sunt sub cœlo in locum unum, et appareat arida , etc. Germinet terra herbam virentem et facientem semen , et lignum pomiferum faciens fructum juxta genus suum, cui semen sit in semetipso , etc., et factum est ita.*

Le quatrième jour , Dieu commande aux luminaires de paroître dans la voûte des cieux, au soleil de présider au jour, à la lune et aux étoiles de présider à la nuit et de servir de signes pour marquer les temps, les mois et les années. Alors le soleil, auparavant caché à la terre ,

Mythologie.

bientôt à rendre tous les enfans qu'il avoit dévorés , parmi lesquels il se trouvera jusqu'à des cailloux : tant est grande sa voracité !

Jupiter alors rompant le voile qui le couvre, fait cesser entièrement le règne du Tartare et des ténèbres sur la terre, ou *Vesta.* Il prend possession de l'empire des cieux, étant monté sur un char resplendissant de l'éclat de l'or et des pierreries ; il est conduit par *Apollon ,* son fils, qu'il

Texte de la Genèse.	*Mythologie.*
se montre à elle orné de tous ses rayons et commence sa brillante carrière, ainsi que la lune à	avoit eu de *Latone*, et que celle - ci mit au monde en secret dans l'île de *Delos*, * malgré

---

(1) Il est aisé de voir que la fable mythologique d'*Apollon délien* et d'*Apollon pythien* est un tableau parfait de l'œuvre des six jours, quand on sait que *Latone*, qui en est la mère, veut dire caché, qu'*Apollon* est le soleil, *Junon*, l'air atmosphérique, que *Delos* signifie manifeste, et *Python*, une vapeur infecte et empestée. En effet, la naissance d'*Apollon* dans l'île de *Delos*, sortie miraculeusement du sein des eaux, et l'obstacle insurmontable qu'oppose à cette naissance la jalousie de *Junon*, ne figurent-ils pas à merveille la manifestation du soleil à la terre, par le moyen de cette parole toute puissante : *Sint luminaria*, qui déchire entièrement le voile obscur qu'opposoit l'atmosphère à ses rayons ? Et la victoire miraculeuse remportée par *Apollon*, aussitôt qu'il est né, sur le serpent *Python*, n'est-elle pas également l'effet de cette autre parole divine : *Appareat arida :* que l'élément aride paroisse, non comme une boue détrempée, qui en se séchant produit une vapeur infecte et pestilentielle, mais comme une terre ferme et solide, et pourtant assez humide pour porter et nourrir sur-le-champ une multitude infinie d'êtres vivans et organisés.

Texte de la Genèse.

la course inégale et vagabonde, accompagnée des étoiles et des planètes. *Dixit Deus : Sint luminaria in firmamento cœli, etc. Fecit ergo Deus duo luminaria magna, luminare majus, ut præesset diei, luminare minus, ut præesset nocti, insuper et stellas, et disposuit ea in spatio cœli, ut dividerent lucem et tenebras et essent in signa, in tempora, dies et annos.*

Mythologie.

la jalousie de *Junon* ou d'*Eré*, son ennemie, qui s'opposoit à ce qu'elle pût mettre au jour les deux jumeaux qu'elle portoit dans son sein. Et lorsque *Jupiter*, fatigué de ses travaux diurnés, va se reposer dans le sein de *Thétis*, *Diane*, sa fille, qu'il avoit eue également de *Latone*, vient prendre sa place dans le ciel, avec les Nymphes, qui forment sa nombreuse cour. Mais moins éclatante que son père, elle ne réfléchit qu'une douce et foible lumière, et moins assurée sur son char argenté, sa course est inégale et vagabonde comme celle des chasseurs qui errent dans les détours d'un bois, à la poursuite des bêtes farouches.

Texte de la Genèse.

Au cinquième jour, Dieu commande que l'air et l'eau se peuplent de volatiles et de poissons. Au commencement du sixième, il commande aussi à la terre de produire des animaux et des reptiles : et à l'instant l'air, la terre et l'onde se remplissent d'animaux, de volatiles et de poissons de toute espèce, qu'il bénit, en leur ordonnant de croître et de multiplier. Ici commence véritablement la nature vivante et animée.

Mythologie.

Après que Jupiter eut pris possession de l'empire du jour, la riante *Vénus*, sa fille, sortant du sein des eaux * ou de l'écume de la mer, suivant les poëtes, vient sur la terre, accompagnée de Cupidon et des trois Grâces, exercer le pouvoir de ses charmes. Tout cède à ses attraits, tout s'anime à sa présence, les fleurs naissent sous ses pas ; l'air, la terre et l'onde se peuplent d'animaux, de volatiles et de poissons, qui tous à l'envi rendent hommage à leur souveraine ; ils quittent tout pour la suivre ; rien n'est capable de les arrêter, ni rivières, ni bois, ni fo-

---

* Vénus est appelée *Déesse marine* et *terrestre.*

Texte de la Genèse.   *Mythologie.*

rêts, ni montagnes : tant le penchant qui les entraîne vers elle est irrésistible ! aussi est-ce par elle que la nature se régénère, et que les siècles se propagent.

Durant le sixième jour, après que Dieu eut créé les animaux, il tint conseil en lui-même pour produire un être semblable à lui, qui, levant vers le ciel un front auguste, et étant doué de sagesse et d'intelligence, fût capable de le représenter sur la terre, en commandant à toute la nature. En conséquence, il prend un peu de bouc qu'il pétrit de ses mains divines et dont il forme le corps de l'homme, qu'il anime ensuite du souffle de sa bouche.

Enfin, *Méthis* (en grec conseil ou prudence), étant devenue enceinte d'un être important, qui selon le destin devoit ressembler à Jupiter en puissance et en intelligence, Jupiter l'avala pour se rendre maître du fruit qu'elle portoit dans son sein ; mais ensuite ayant ressenti un violent mal de tête, il se fit donner un coup de hache par *Vulcain* ; alors Pallas ou Minerve, déesse guerrière, tout à la fois, et amie des beaux - arts ,

Texte de la Genèse.

L'homme étant ainsi formé à son image et à sa ressemblance, il en choisit un extrait, dont il forma la femme. D'où il suit que l'homme tire immédiatement son origine de Dieu même, et que l'homme et la femme étant une même chair, ne sont pour ainsi dire qu'une même personne. *Duo sunt caro una.*

Ainsi finit l'œuvre des six jours. *Et cessavit Deus ab omni opere suo.*

Mythologie.

sort tout armée du cerveau de *Jupiter.* ⋆ C'est elle qui, après Jupiter, est la première des divinités de l'Olympe, quoiqu'elle soit la dernière par rang de naissance, étant sans postérité comme sans mère. Elle termine la généalogie des Dieux, ou la Théogonie.

Telle fut sans doute la mythologie dans

⋆ Le *Jupiter* dont il est ici question n'est point celui qui paroît dans la théogonie comme fils de *Saturne* et de *Rhea*, c'est celui qui dit au commencement de la Genèse : *Fiat lux :* que la lumière soit. Aussi les Grecs distinguoient-ils deux sortes de Jupiter. Le premier étoit le Dieu suprême ; le second, qui est le soleil, n'en étoit que l'ombre et la figure.

son principe ; mais les poëtes et les peintres, qui furent les premiers écrivains, s'étant donné la licence d'ajouter à ce tableau primitif quantité de personnages de leur imagination, l'ont rendu presque méconnoissable ; joint à ce que l'écriture figurative ou symbolique n'ayant point un sens fixe et déterminé comme l'alphabétique, prête beaucoup à l'arbitraire des interprétations. De là cette variété de tableaux théogoniques qu'on rencontre chez les mythologues. Cependant on a lieu de s'étonner qu'Hésiode, l'un des plus renommés d'entr'eux parmi les Grecs, ait commencé sa théogonie par le cahos et l'érèbe, en omettant un trait historique de la Genèse, le premier et le plus essentiel de tous, qui est que Dieu, principe de toutes choses, créa le ciel et la terre ; ce que *Sanchoniaton* de Phénicie a exprimé, en disant qu'*Elion* et *Bérouth* donnèrent naissance à *Cœlus* et à *Vesta*. Est-ce donc que le poëte grec ne reconnoissoit pour dieux que les différentes parties de la nature, dont le développement auroit été une suite nécessaire de ses lois ? ou plutôt n'est-ce point qu'Hésiode ayant pris ce début de la Genèse pour l'énoncé de l'œuvre des six jours, auroit cru devoir le supprimer dans sa théogonie ? Peut-être aussi que n'ayant aperçu dans le tableau allégorique dont il a emprunté son histoire, aucune figure représentative de la divinité, il n'en avoit fait lui-même aucune mention. En effet, par quel type l'écriture symbolique eût-elle représenté la divinité, dont l'idée ne peut tomber sous les sens, et dont le nom même, le grand et incommunicable nom qui exprime son *essence* nous seroit encore inconnu, si Dieu ne l'avoit révélé à Moïse, lorsqu'il l'envoya de sa part vers Pharaon, pour délivrer son peuple de captivité? Car auparavant il n'étoit connu que sous celui d'*Eloim* et d'*Adonai;* c'est-à-dire de haut et puisssant seigneur d'Abraham, d'Isaac et de Jacob, nom qu'il affecte de prendre dans l'Ecriture, préférablement à tout autre, et qui nous intéresse davantage à cause du rapport qu'il exprime avec sa créature. Aussi, ajoute-t-il, après lui avoir révélé son grand nom de *Jehova*, qu'il a dans toute l'éternité, que c'est sous celui de Dieu d'Abraham, d'Isaac et de Jacob qu'il veut être adoré sur la terre. De là vient sans doute que les premiers peuples adoroient des dieux sans nom, comme le dit Hérodote, et qui n'étoient représentés par aucune figure; ce qui avoit peut-être eu l'inconvénient de conduire à l'athéisme; car, quand rien de corporel et de sensible ne fixe les idées de l'homme, elles finissent par le néant. Mais l'écriture symbolique, en représentant la divinité sous une image quelconque, fit tomber dans un excès contraire, en conduisant à l'idolâtrie la plus grossière.

Autre tableau allégorique, également tiré de la Genèse.

Combat de Jupiter contre les Titans.

Texte de la Genèse.

Au commencement, Dieu créa le ciel et la terre; mais la terre étoit vide et déserte, et les ténèbres couvroient la surface de l'abîme, sur les eaux duquel reposoit le fluide aërien. Dieu dit alors : Que la lumière soit sur la terre; et aussitôt la lumière parut. Voyant que cette lumière étoit bonne, il la sépara d'avec les ténèbres, en donnant aux ténèbres le nom de nuit, et le nom de jour à la lumière. Le premier jour fut formé du soir et du matin, comme tous les

Mythologie.

Cœlus et *Vesta*, tous deux enfans d'*Elion*, eurent pour fils aîné *Titan*, qui régna d'abord seul et sans concurrens sur la terre désolée. Mais *Cœlus* et *Vesta* ayant eu pour second fils *Chronus*, celui-ci partage l'empire avec son frère aîné; l'un préside au jour et l'autre a la nuit, à condition que *Chronus* dévorera tous les enfans mâles qui naîtront de lui. Tel fut le pacte fait entre les deux frères *Chronus* et *Titan*. En conséquence duquel

Texte de la Genèse.	*Mythologie.*

suivans. A ce premier jour commence véritablement la chronologie, ou le temps, qui consume tout ce qu'il fait naître.

PREMIER JOUR.

Au premier des six jours aucun astre lumineux ne parut sur la terre.

Chronus, seul et sans enfans, commence à régner alternativement avec son frère.

PREMIÈRE NUIT.

La première nuit succède au jour sans aucune apparence d'étoiles.

Titan à son tour règne sans enfans sur la terre couverte de ténèbres.

DEUXIÈME JOUR.

Le second jour il se forme un firmament autour de la terre ; c'est-à-dire que l'atmosphère devient capable de sou-

Junon ou *Eré*, fille de *Chrone* et de *Rhée*, prend place dans le ciel, étant destinée à devenir l'épouse de *Jupiter*, son

Texte de la Genèse.	*Mythologie.*

tenir une partie des eaux qui couvroient le globe terrestre, sans néanmoins laisser un libre passage aux rayons directs du soleil.

frère, qui comme elle existoit déjà, mais que sa mère tenoit caché, à cause de l'accord fait entre *Chronus* et *Titan.*

DEUXIÈME NUIT.

La seconde nuit, semblable à la première, ne laisse briller aucune étoile.

Titan continue de régner sans enfans avec son frère *Chronus.*

TROISIÈME JOUR.

Au troisième jour les eaux se rassemblent en un même bassin, la terre se découvre et produit des herbes et des plantes de toute espèce, qui, destinées à vivre et à mourir, ont en elles-mêmes un principe de reproduction, au moyen duquel les espèces sont immortelles.

Neptune naquit alors, et après sa naissance, *Rhéa* devenue plus féconde, met au monde une multitude d'enfans, que dévore *Chronus*, leur père. C'est la faux du temps, qui moissonne tout ce qu'il fait naître.

Texte de la Genèse.   *Mythologie.*

TROISIÈME NUIT.

La troisième nuit commence et s'achève à l'ordinaire, sans laisser paroître aucune étoile et même sans donner place à la lumière crépusculaire qui avoit coutume de lui succéder.

Titan cherchant à ressaisir l'intégrité de son empire, après avoir pressenti l'artifice de *Rhéa*, qui ne cessoit de mettre au monde des enfans à son insu, et qui tenoit caché *Jupiter*, son plus mortel ennemi, déclare la guerre à *Chronus* et le fait prisonnier.

QUATRIÈME JOUR.

Au quatrième jour, point de lumière crépusculaire, parce qu'alors le soleil se montre tout à coup en rompant le voile qui le tenoit caché. La lumière crépusculaire ne reparoît qu'au soir du même jour.

Chronus est prisonnier ; mais à la sollicitation de *Vesta*, Jupiter se montre et délivre son père de la captivité où le retenoit *Titan* son frère aîné.

QUATRIÈME NUIT.

Suit la quatrième nuit,

Titan, accompagné

Texte de la Genèse.	*Mythologie.*

Texte de la Genèse.

parsemée d'une multitude innombrable d'étoiles, qui semblent le disputer de clarté au soleil.

CINQUIÈME JOUR.

Au cinquième jour reparoît la lumière crépusculaire du matin, laquelle s'allongeant et s'augmentant de plus en plus, obscurcit la clarté des étoiles et semble céder avec peine sa place au soleil. Enfin, le soleil par sa présence dissipe totalement les étoiles et cette lumière crépusculaire qui le précède, laquelle ne reparoît qu'au

Mythologie.

d'une quantité prodigieuse d'enfans, qui forment comme une armée rangée en bataille, entreprend de détrôner *Jupiter*, auquel a déclaré la guerre.

Chronus, délivré de la captivité où le retenoit *Titan*, continue de régner, conjointement avec Jupiter; mais étant fâché de partager l'empire avec son fils, il lui tend des embûches. *Jupiter* indigné le chasse du ciel, ainsi que les *Titans*, et l'oblige à se réfugier en *Hespérie*, chez *Janus*, * à deux faces, l'une par devant

---

* Janus, en grec *Phanes*, lumière.

Texte de la Genèse.	*Mythologie.*
soir à l'occident, après le soleil couché, et le matin à l'orient vers le lever du soleil.	et l'autre par derrière ; c'est-à-dire chez celui qui, fermant et ouvrant les portes du jour, voit tout ensemble le passé et l'avenir.

CINQUIÈME NUIT.

Comme le ciel paroît tourner chaque jour d'orient en occident, et le soleil au contraire s'avancer d'occident en orient, suivant l'ordre des signes zodiacaux, de nouvelles étoiles brillent successivement dans le ciel durant la nuit.	C'est *Titan* qui, à la tête d'une armée nombreuse de nouveaux enfans, entreprend de recommencer la guerre contre *Jupiter*.

SIXIÈME JOUR.

Au sixième jour, le soleil se montre précédé de l'aurore et dissipe toutes les étoiles, tant anciennes que nouvelles.	*Jupiter* bat de nouveau les *Titans* et les met en fuite autant de fois qu'ils reparoissent. Telle est la succession perpétuelle du jour et de

Texte de la Genèse.	*Mythologie.*
	la nuit, parfaitement représentée par le combat entre Jupiter et les Titans.

Si telle est l'origine de la mythologie, comme on n'en peut douter, d'après l'esquisse que nous venons d'en donner, l'on doit moins s'étonner qu'elle ait fait l'objet du culte et de la vénération des païens, puisqu'ils croyoient son origine sacrée. Et en cela ils avoient raison; ils ne se trompoient que sur le sens qu'ils lui donnoient. Mais l'erreur étoit grande et d'une terrible conséquence pour la morale; car les vices et les passions humaines ayant été divinisées comme toutes les parties de la nature, on s'autorisoit de l'exemple des dieux mêmes pour commettre le crime. Et c'est ce qui fit dire à Cicéron, en parlant d'Homère : *Vitia nostra transtulit ad deos; maluissem virtutes eorum transtulisset ad nos.*

Troisième tableau mythologique, tiré de la Genèse.

Premier âge du monde, suivant la Genèse.	*Premier âge du monde, suivant la Mythologie.*
Après la création des animaux, Dieu voulant mettre sur la terre un être raisonnable, qui fût capable de le représenter, tint conseil en lui-même et créa l'homme à son image et à sa ressemblance. Il le forma du limon de la terre, qu'il anima du souffle de sa bouche. Voyant ensuite,	Après que *Prométhée* * eut formé du limon de la terre la statue d'*Epiméthée*, et qu'il l'eut animée en dérobant le feu du ciel, les dieux, jaloux de participer à la gloire de créer la race humaine, résolurent de lui donner pour compagne une femme qui réunît toutes les qualités

---

* Prométhée et Epiméthée. Quoique les noms de ces deux personnages aient entr'eux quelque ressemblance, ils diffèrent pourtant essentiellement ; car l'un signifie délibère avant d'agir, parce qu'il prévoit l'avenir, et l'autre faute de prévoyance ne délibère que sur le passé.

Premier âge du monde, suivant la Genèse.

comme par réflexion, qu'il n'étoit pas bon que l'homme fût seul, il envoya à Adam un sommeil, durant lequel il tira l'une de ses côtes et en forma la femme, qu'il lui donna pour compagne. Tous deux furent placés dans un jardin délicieux que Dieu lui-même avoit arrangé au commencement de la formation de toutes choses, pour les recevoir. Il étoit rempli d'arbres fruitiers d'une beauté merveilleuse et qui portoient des fruits excellens. Il s'en trouvoit même un dont la propriété devoit empêcher de mourir. Préposés à la garde d'un si beau jardin, pour en prendre soin et le cultiver, ils ont

Premier âge du monde, suivant la Mythologie.

possibles. *Vulcain* en fut le forgeron. Etant sortie de ses mains, chaque dieu lui fit un présent de sa façon : *Vénus* lui donna la beauté et les grâces, *Junon*, la dignité conjugale, *Mercure*, le talent de la parole avec la douce persuasion. *Minerve* lui communiqua l'adresse et l'intelligence, avec un esprit curieux de tout savoir et de tout connoître. *Jupiter* lui fit présent d'une boîte d'or, à laquelle étoit attachée la destinée des deux époux. Tous les biens et tous les maux étoient enfermés dans cette fatale boîte, et il dépendoit d'eux de ne jamais l'ouvrir. *Pandore*, c'étoit le nom de cette femme,

Premier âge du monde, suivant la Genèse.

la permission de manger de tous les fruits qu'il produit, à l'exception de celui d'un seul arbre que Dieu s'étoit réservé et auquel il leur avoit défendu de toucher, sous peine de mort. Cet hommage étoit dû sans doute à sa souveraineté et à sa toute - puissance. Heureux couple de créatures! Tant qu'ils sont innocens et fidèles à observer la loi qui leur est imposée, ils ne voient rien en eux, ni autour d'eux, qui ne soit soumis à leur empire et qui ne contribue à leur bonheur. Oiseaux, quadrupèdes, animaux de différente espèce, tous s'empressent de venir les caresser, en étalant à leurs yeux les formes variées,

Premier âge du monde, suivant la Mythologie.

Pandore, ainsi dotée, fut présentée à *Epiméthée*, qui n'eut garde de la refuser. Quand ces deux époux furent unis ensemble, ils jouirent durant quelque temps d'un bonheur sans mélange; mais enfin une funeste curiosité porta la femme à ouvrir la fatale boite. Alors s'échappèrent en foule tous les biens et tous les maux, qui depuis ont inondé la terre et qui sont devenus l'apanage de la postérité de ces deux premiers modèles du genre humain. L'espérance resta seule au fond du vase, l'espérance, sans laquelle la vie seroit un fardeau insupportable. Car, comment supporter les peines, les afflictions, les

Premier âge du monde, suivant la Genèse.

les diverses parures et les finesses de l'instinct, que le Créateur a mises en eux. Et que pouvoient-ils souhaiter de plus ? Ils ont la gloire de jouir de la société de Dieu et des anges. Mais, hélas ! un desir insensé de con—noître le bien et le mal, joint à l'espérance d'éga-ler leur Créateur en puissance et en intelli-gence, dont vient les flat-ter un perfide serpent, leur fait écouter les pa-roles de ce séducteur, qui les porte à goûter du fruit défendu. Ils en cueillent, ils en mangent. A l'instant un poison subtil s'insinue dans leur âme, leurs sens se révol-tent, la passion les trans-porte et les domine . . . . Enfin, leurs yeux s'étant

Premier âge du monde, suivant la Mythologie.

misères et les angoisses de toute espèce, dont cette vie est remplie, si l'on n'espéroit de pou-voir un jour en être dé-livré par une vie meil-leure ? Ce n'est pourtant pas qu'alors le mal phy-sique l'emportât sur le mal moral. Au contraire, on jouissoit par toute la terre d'un printemps per-pétuel et d'une égalité de température qui ne per-mettoit ni aux vents, ni aux orages de ravager la terre ; les hommes sains et robustes et parfaite-ment égaux entr'eux, pouvoient jouir d'une paix profonde et d'une parfaite tranquillité. Comme la terre fé-conde produisoit toute sorte de fruits en abon-dance et en tout temps,

Premier âge du monde, suivant la Genèse.

ouverts, ils s'aperçoivent de leur nudité ; la honte les saisit, les remords se font sentir ; ils s'éloignent, ils se cachent dans l'épaisseur d'un bois, croyant pouvoir se dérober à la présence du Maître qu'ils ont offensé. Mais comme rien n'échappe à ses regards perçans, il les poursuit, il les atteint. Interrogés par lui, pourquoi ils cherchent à se cacher, ils s'excusent sur leur nudité ; et c'est cette nudité même qui les trahit et les accuse d'avoir commis une infidélité criminelle ; car auparavant ils étoient nus et n'en rougissoient point. Ils continuent néanmoins de s'excuser, en rejetant l'un sur l'autre une faute qui leur

Premier âge du monde, suivant la Mythologie.

ils n'avoient besoin ni de la partager pour la cultiver, ni de lois, ni de tribunaux pour les juger ; les arts même leur étoient inconnus, ainsi que le commerce et la navigation. Tel étoit l'état des premiers hommes, des hommes de l'ancien temps. Et ce fut cet état même de prospérité et d'abondance qui contribua le plus à les corrompre. Ils méconnurent d'abord la main libérale de qui ils tenoient tous ces biens, ensorte que la Piété, cette vierge céleste, se vit obligée d'abandonner la terre. Puis, de l'ingratitude passant à la témérité, ils portèrent l'insolence jusqu'à se croire égaux à Jupiter et à vouloir le

Premier âge du monde, suivant la Genèse.	*Premier âge du monde, suivant la Mythologie.*

est personnelle , puis-qu'aucun d'eux n'igno-roit la défense. Hélas ! cette malheureuse ex-cuse achève de les perdre et de les confondre. C'en est fait, le crime est avéré et ne peut plus se par-donner , d'autant qu'au-cun ne veut avouer qu'il est coupable. Alors un arrêt de mort leur est prononcé, arrêt terrible, qui ne devoit pourtant avoir son exécution qu'a-près une longue suite d'années passées dans les peines et les maux de toute espèce.

Le même arrêt porte qu'il y aura une haine im-placable , une inimitié perpétuelle entre le ser-pent et la femme, qu'il avoit séduite. Dès lors, plus de paix à espérer de

détrôner , en entassant montagnes sur monta-gnes. Mais Jupiter , à coups de foudre, les pré-cipita sous les débris de leurs monts renversés.

A l'orgueil de ces géans succéda une race d'hommes envieux , ja-loux et pervers, à qui les meurtres ne coûtoient rien. Enfin , ils portèrent la férocité à tel point , qu'on crut que la race humaine étoit changée en loups. De là l'histoire du fameux *Lycaon* , chez qui Jupiter , dé-guisé en pélerin pour visiter la terre , manqua d'être égorgé. Ce fut ce dernier trait de barbarie et de cruauté qui déter-mina le maître des dieux à abolir le règne de *Sa-turne*, en le précipitant

Premier âge du monde, suivant la Genèse.

la part d'un pareil enne-mi. Cependant, un rayon d'espérance leur est en-core laissé ; car il est dit en même temps qu'il sor-tiroit de la femme un fruit béni, qui écraseroit la tête du serpent.

Après cela Dieu les chasse du Paradis ter-restre, non pas tout-à-fait nus, mais revétus de peaux de bêtes ; un *Ché-rubin* est mis à la porte pour en défendre l'en-trée, avec un glaive étin-celant à la main. Ainsi sont traitées ces deux chétives créatures, qui vouloient devenir égales à Dieu. Le fruit de l'arbre de vie, que possé-doit ce beau jardin, leur est ôté. Condamnés à mourir, ils vont expier sur une terre sauvage et

Premier âge du monde, suivant la Mythologie.

dans le Tartare, lui et ses nombreux enfans. Tous les dieux furent affligés d'un pareil décret. Pro-méthée, le premier au-teur de la race humaine, et qui pour l'animer avoit dérobé le feu du ciel, en ressentit lui-même une douleur amère. Le regret pro-fond qu'il eut d'avoir créé l'homme, l'a fait re-présenter comme ayant le cœur déchiré par un cruel vautour.

Quand le temps fut arrivé où Jupiter devoit exécuter l'arrêt qu'il avoit prononcé contre le genre humain, il tint conseil avec toutes les divinités de l'Olympe, pour savoir quel moyen il devoit employer. Il fut d'avis que l'eau seroit

Premier âge du monde, suivant la Genèse.	*Premier âge du monde, suivant la Mythologie.*

loin de la présence de leur créateur, le crime dont ils se sont rendus coupables par leur infidélité, jusqu'à ce qu'ils retournent dans la poussière, d'où ils ont été tirés. A la vérité cette terre n'étoit point comme aujourd'hui sujette à l'intempérie des saisons; il y régnoit un printemps perpétuel et une douce température, qui les mettoit à portée de jouir en tout temps de ses bienfaits, par un travail modéré et sans avoir besoin du secours multiplié d'une infinité d'arts pour subsister; car à peine sous l'ancien monde l'Ecriture en remarque-t-elle un seul, excepté celui de forger les métaux nécessaires à l'agri-

choisie de préférence au feu pour cette fois, laissant entendre qu'un jour viendroit, marqué par les destins, où le feu serviroit à son tour au même usage. Dès que la chose est résolue, il écarte l'*Aquilon*, il appelle à lui le *Notus*, qui accourt avec ses ailes mouillées et verse sur la terre des torrents de pluie. Neptune de son côté lui prêtant le secours de son bras fraternel, frappe la terre d'un coup de trident, fait jaillir toutes les eaux qu'elle renferme dans son sein. Les fleuves se débordent de toutes parts; la mer rompant ses digues, franchit en peu de temps le sommet des plus hautes mon-

Premier âge du monde,
suivant la Genèse.

culture. Ainsi, quoique chassés du Paradis terrestre, ils auroient encore pu vivre heureux dans le lieu de leur exil, si toutefois on pouvoit l'être hors de la présence de son Dieu, et lorsqu'on porte au-dedans de soi un ver rongeur, un principe de discorde continuelle avec une concupiscence sans bornes, germe de tous les crimes. Hélas ! ce fut avec ce malheureux germe qu'*Adam* et *Eve* conçurent et mirent au monde les premiers fruits de leur hymen ; aussi ne pouvoient-ils manquer de leur ressembler.

A peine *Caïn*, le premier né des enfans d'*Adam*, est-il parvenu

Premier âge du monde,
suivant la Mythologie.

tagnes. Enfin, la terre entière est submergée ; tous les hommes et les animaux sont noyés sous les eaux du déluge. Deux mortels chéris des dieux, à cause de leur piété, échappent seuls à ce commun naufrage, au moyen d'une barque fragile qu'une providence particulière leur avoit fait rencontrer.

Après que le courroux des dieux fut appaisé, que Jupiter et Neptune eurent commandé aux eaux de rentrer dans leur ancienne demeure, *Deucalion* et *Pyrrha*, c'étoit le nom de ces deux personnages, abordent sur une terre inconnue. A peine sont-ils sortis de la barque qui les avoit sauvés, qu'ils

Premier âge du monde,
suivant la Genèse.

à l'âge viril, qu'il tue son frère *Abel* par envie. *Lamech*, descendant de Caïn et le premier infracteur de la loi du mariage, se défait d'un rival par jalousie, et raconte ce meurtre à ses femmes d'un ton ironique, ne craignant point que qui que ce fût pût en tirer vengeance, non plus que du meurtre de *Caïn*, parce qu'alors tous les hommes étant égaux, il n'y avoit ni maîtres, ni sujets, ni gouvernement, ni lois. La loi naturelle étoit le seul frein qui retînt les hommes et qui les empêchât de faire le mal. Mais qu'est-ce que la loi naturelle au milieu du tumulte des passions, et quand elle n'est point appuyée par

Premier âge du monde,
suivant la Mythologie.

voient que les choses ne sont plus ce qu'elles avoient été avant le déluge. Non seulement la terre se présente à eux sous l'aspect le plus hideux, mais le ciel a changé ses bénignes influences en pluies orageuses, en brouillards épais, en neige, en grêle, en frimas glacés. Tantôt un vent du nord souffle sa piquante froidure; tantôt un vent du midi fait sentir sa brûlante haleine. Des vents secs et humides se succèdent tour à tour, sans parler de ceux qui portent la foudre, qui bouleversent la mer et ravagent la terre. A ces tristes images se joint encore celle de l'affreuse solitude où ils se trou-

Premier âge du monde, suivant la Genèse.

la crainte d'un législateur qui punisse ses infractions ? Aussi étoit-elle violée ouvertement et sans remords. Cependant la crainte de Dieu se conserva dans la famille de *Seth*, troisième fils d'*Adam*. Mais il falloit que cette crainte religieuse se réduisît à bien peu de chose, puisqu'il est remarqué comme une nouveauté, que le nom de Dieu commença seulement d'être invoqué sous *Enos*, petit-fils d'*Adam*. Cette invocation forma comme une ligne de séparation entre les descendans de *Seth* et les descendans de *Caïn*, les uns étant appelés les enfans de Dieu, et les autres les enfans des hommes. Le

Premier âge du monde, suivant la Mythologie.

vent. Restés seuls et sans secours sur une terre désolée, ils déplorent en secret la perte du genre humain et voudroient trouver un moyen de la réparer. Mais ils sont vieux et sans enfans, et sans espérance d'en avoir. Et quand ils seroient jeunes, comment leur postérité pourroit-elle, se disoient-ils, résister à une pareille intempérie des saisons et subsister sur une terre, la plupart du temps, ingrate et stérile ? Tandis qu'ils délibèrent là-dessus, ils sont inspirés tous deux par un oracle, de prendre des pierres et de les jeter chacun derrière eux. En peu de temps, chose étonnante ! ces pierres s'amolissent,

Premier âge du monde, suivant la Genèse.

pieux *Henoch* parut alors ; il marcha constamment sous les yeux de Dieu, reprenant les hommes de leurs désordres et les avertissant (selon *S. Jude*) du courroux céleste, s'ils ne changeoient leurs voies corrompues. Mais ils méprisent ses exhortations et ses menaces, et l'auroient mis à mort, si Dieu ne l'eût enlevé du milieu du monde, qui n'étoit pas digne de le posséder. Après que cet homme divin eut disparu de dessus la terre, la marque distinctive qui séparoit les enfans de Dieu d'avec les enfans des hommes ne tarda pas à s'effacer entièrement ; car les enfans de Dieu, séduits par la beauté des

Premier âge du monde, suivant la Mythologie.

s'allongent, s'arrondissent et prennent une forme humaine. De là la race des mortels, qui peuplent maintenant la terre. Les premiers avoient été formés d'une boue détrempée par *Prométhée* ; ceux-ci sont tirés des pierres et des cailloux les plus durs. A la vérité leur vie sera courte, en comparaison de celle de leurs devanciers ; mais propres à supporter les plus rudes travaux, il n'y a rien qu'ils ne soient capables de faire et d'entreprendre. Avides de tout connoître et de tout convertir à leur usage, ils parcourront la mer, la terre, et pénétreront jusque dans ses entrailles ; et pour se faci-

Premier âge du monde,
suivant la Genèse.

Premier âge du monde,
suivant la Mythologie.

filles des hommes, s'unirent à ceux-ci par des mariages. De là sortit une race monstrueuse de *géans* qui, remplis d'orgueil et fiers de leur grande puissance, se signalèrent en exerçant un pouvoir tyrannique sur leurs égaux et en blasphémant le nom du Dieu très-haut. Ils ne mettoient aucune borne à leurs excès et à leurs abominations : tant étoit grande la corruption du cœur humain ! Dieu voyant alors que le mal étoit sans remède, *pénétré de douleur jusqu'au fond du cœur, il se repentit*, tout immuable qu'il est, *d'avoir créé l'homme, et résolut de le détruire ;* mais . *Noé* trouva grâce devant

liter les moyens d'atteindre plus aisément l'objet de leurs desirs, ils inventeront les arts et les sciences de toute espèce. Ainsi l'ordonne le grand *Jupiter*, qui ne veut pas que ses nouveaux sujets croupissent dans l'ignorance et l'oisiveté, comme ceux qui vivoient sous le règne de Saturne.

Enfin l'épouse de Saturne, irritée de la perte de ses enfans, met au monde une nouvelle race de géans, qui entassant montagnes sur montagnes, entreprennent d'escalader le ciel et d'en chasser *Jupiter ;* mais *Jupiter* avec sa foudre extermine ses nouveaux ennemis. Il est secondé par son fils *Evoé* (pluie),

Premier âge du monde, suivant la Genèse.	*Premier âge du monde, suivant la Mythologie.*

lui, à cause de sa piété. Cet homme juste, marchant sur les traces d'*Henoc*, son aïeul, prédit au genre humain que Dieu alloit l'ensevelir sous les eaux d'un déluge universel : et ce qui devoit faire ajouter foi à ses paroles, c'est qu'en même temps il se mit à

qui se signale sous la figure d'un lion, * tandis que les autres dieux, effrayés, vont se réfugier en Egypte, où, pour se mieux cacher, ils prennent différentes formes d'animaux. Lorsque la guerre est terminée, *Jupiter* envoie *Iris*, la messagère des cieux, en

---

* Il y a toute apparence qu'avant le déluge il ne pleuvoit point sur la terre ; mais une vapeur abondante, qui montoit de son sein et retomboit en rosée, en humectoit toute la surface, ainsi qu'il arrive encore aujourd'hui en Egypte, où l'on jouit presque toujours d'un ciel pur et serein, sans y éprouver ces orages terribles, qui dans les climats tempérés se font sentir au solstice d'été, lorsque le soleil est sous le signe du lion. C'est ce qui a fait dire que les dieux s'étoient réfugiés en Egypte, durant le combat de Jupiter contre les géans, en prenant différentes formes d'animaux, parce que c'étoit sous ces emblèmes qu'on y avoit représenté les différentes parties de la nature, et qu'on les y adoroit.

Premier âge du monde, suivant la Genèse.	*Premier âge du monde, suivant la Mythologie.*

bâtir une arche de bois, par ordre de ce même Dieu. Mais ils se mocquent de cette arche et ne font pas plus de cas de ses prédictions, qu'ils n'avoient fait des menaces d'*Henoc*, étant persuadés qu'il n'en arriveroit rien et que les choses continueroient d'aller leur train comme elles avoient toujours été. Enfin le moment étant venu où Dieu doit exécuter ses jugemens terribles, il commande à *Noé* de monter dans l'arche avec sa famille et tout ce qui peut servir à repeupler la terre. Cet ordre étant exécuté, et lorsque les hommes s'y attendoient le moins, une pluie tombe du ciel par torrens, durant qua-

porter la nouvelle aux autres dieux. Alors ceux qui s'étoient cachés vont reprendre séance autour du trône de *Jupiter*.

Premier âge du monde, suivant la Genèse.	*Premier âge du monde, suivant la mythologie.*

rante jours et quarante nuits. Cette pluie se joignant au débordement des mers, couvre d'eau toute la surface de la terre, au point de surpasser de quinze coudées le sommet des plus hautes montagnes. Les hommes, les animaux, tout périt, à l'exception du seul *Noé* et de ceux qui étoient dans l'arche avec lui. Cette arche, l'unique espérance du genre humain (car alors il n'y avoit point de vaisseaux pour naviguer), cette arche, dis-je, flotta long-temps au gré des eaux et des vents. Mais les eaux s'étant retirées peu à peu, et la terre ayant commencé à se découvrir, elle s'arrêta sur les montagnes d'*Arménie*,

Premier âge du monde,
suivant la Genèse.

Premier âge du monde,
suivant la Mythologie.

d'où une colombe, lâchée à propos, rapporta à Noé, qui étoit encore dans l'arche, un rameau d'olivier, symbole de paix et de réconciliation entre Dieu et les hommes. Peu après, la terre étant entièrement desséchée, Noé et ses enfans sortent de l'arche, qui leur fut ouverte par Dieu même, qui l'avoit fermée. Ils commencent par lui rendre grâces de les avoir préservés des eaux du déluge. Mais cette terre qu'ils revoient enfin, après l'avoir perdue de vue pendant près d'une année, avoit totalement changé de face. Au lieu de cette belle verdure qui la couvroit avant le déluge, ils n'aperçoivent de tou-

Premier âge du monde,
suivant la Genèse.

Premier âge du monde,
suivant la Mythologie.

tes parts qu'une horrible fange, que des débris d'arbres renversés, que des cadavres épars. Au lieu de cette sérénité perpétuelle qui régnoit dans le ciel, des vents impétueux, qui se disputent l'empire de l'air, des nuages groupés comme des montagnes entassées les unes sur les autres, dont le ciel et le soleil sont obscurcis, des éclairs qui percent cette sombre obscurité, des tonnerres qui grondent, des torrens de pluie qui tombent du ciel, leur font craindre à chaque instant un nouveau déluge. Dieu les rassure, en leur promettant qu'il n'affligeroit plus la terre par un pareil fléau; il leur donne pour garant

Premier âge du monde, *suivant la Genèse.*	*Premier âge du monde,* *suivant la Mythologie.*

Premier âge du monde, suivant la Genèse.

de sa parole un arc nué
de mille diverses cou-
leurs, qui paroît en la
nue pluvieuse, à l'aspect
du soleil, phénomène
admirable, inconnu
avant le déluge, parce
qu'alors il n'y avoit point
de ces pluies orageuses
qui produisent l'arc en
ciel. Il n'y régnoit pas
non plus cette variété de
température que nous
éprouvons et qui a si
fort diminué la fécon-
dité de la terre et al-
téré la constitution de
l'homme, que la durée
de sa vie en a été abré-
gée des neuf dixièmes,
et qu'il n'a plus trouvé
dans les substances vé-
gétales une nourriture
suffisante. Il lui a fallu
avoir recours à la chair
des animaux, dont Dieu

Premier âge du monde, suivant la Genèse.	*Premier âge du monde, suivant la Mythologie*

lui permit de faire usage au sortir de l'arche, et à toutes les ressources de l'industrie, du travail et des arts, afin de pouvoir subsister.

Tel est maintenant l'état du monde depuis le déluge.

Que de difficultés se seroient aplanies ! que de problêmes de géologie et d'histoire naturelle auroient été résolus, si au lieu de juger de l'ancien monde par le nouveau, on s'étoit attaché à examiner le changement qu'a dû opérer sur la terre la diversité de température de l'atmosphère : d'abord on eût vu que les végétaux et les animaux, qui aujourd'hui ne peuvent vivre que dans la zône torride, pouvoient subsister alors dans ce que nous appelons la zône tempérée ; que ceux de la zône tempérée pouvoient se trouver dans la zône actuellement glaciale, et réciproquement. Les poëtes ne l'ont pas ignoré ; car ils se sont tous accordés à répéter que dans le premier

 L'ANTIQUITÉ DÉVOILÉE,

âge du monde, appelé par eux l'âge d'or, ou le règne de Saturne et de Rhée, toutes les terres produisoient d'elles-mêmes et en tout temps toutes sortes de fruits. (1) Mais comme on s'étoit imaginé que l'âge d'or avoit été un songe aussi passager que le Paradis terrestre et l'état d'innocence, on s'est accoutumé à prendre tout ce que disent les poëtes à ce sujet, pour de pures fictions; comme si ces premiers peintres de la nature et ces premiers historiens du genre humain n'eussent cherché qu'à nous tromper en se trompant eux-mêmes.

Mais pourquoi, demandera-t-on, les poëtes ont-ils placé sous le règne de Saturne le premier âge du monde, et le second sous celui de Jupiter? Cette question ne sera pas difficile à résoudre, quand on aura lu ce que nous avons dit touchant l'accord de la Genèse avec la mythologie; c'est-à-dire le premier tableau

____

(1) Les fêtes des saturnales, où les tables étoient communes entre les serviteurs et les maîtres, et où l'on s'abstenoit de toute œuvre servile, étoient encore un mémorial de cet ancien temps, où tous les hommes étant égaux, jouissoient en commun des biens que la terre sans être partagée produisoit en abondance, à la faveur d'un printemps perpétuel.

mythologique. On verra que *Saturne* ou *Chronus* fut la première des divinités de l'Olympe, qui interrompit le règne du Tartare et des ténèbres sur la terre, et par qui le temps commença à prendre son cours. Or, comme le Tartare et les ténèbres avoient repris leur empire au temps du déluge, et que ce fut l'apparition subite du soleil qui les fit disparoître, les poëtes ont feint que *Jupiter*, qui est le soleil, avoit détrôné son père, en le plongeant dans le Tartare. C'est ainsi que le second âge du monde a passé sous l'empire de *Jupiter*, auquel on attribue, non sans raison, tous les changemens arrivés sur la terre depuis le déluge, comme on va le voir par le tableau suivant.

Remarques sur le chapitre précédent.

———

Si les mythologues racontent de deux manières, comme on l'a vu, la création de
l'homme, ils n'ont fait qu'imiter en cela le
texte de la Genèse, qui voulant porter notre
attention sur ses deux natures, la peint
d'abord comme ayant une origine toute céleste, ensuite comme étant un peu de terre
animée. *Methis*, disent-ils, étant devenue enceinte d'un être qui, suivant le destin, devoit
ressembler à *Jupiter*, Jupiter avala la mère
pour se rendre maître du fruit qu'elle portoit
dans son sein. Mais par la suite ayant éprouvé
un violent mal de tête, il se fit donner un
coup de hache par *Vulcain*. Alors *Pallas* ou
Minerve sortit tout armée du cerveau de *Jupiter*. Pouvoit-on mieux figurer la souveraine
sagesse rentrant en elle-même pour se consulter au sujet de la création de l'homme, et
tirant de son propre fond un être qui lui ressemble en sagesse et en intelligence, comme
le raconte le premier chapitre de la Genèse?
Le second chapitre revenant sur le même sujet, ajoute que Dieu ayant pris du limon de la

terre, le pétrit de ses mains divines pour en former le corps de l'homme, puis l'anima du souffle de sa bouche ; véritable *Prométhée,* qui anime d'un feu céleste la statue qu'il avoit formée. La femme fut créée à peu près de la même manière ; car lorsque Dieu eut remarqué qu'il n'étoit pas bon que l'homme fût seul, il prit une de ses côtes, dont il forma la femme et la lui donna pour compagne. Ici les mythologues se sont un peu dilatés sur le compte de la femme, en faisant intervenir *Vulcain* pour sa formation, ensuite toutes les autres divinités de l'Olympe, pour l'enrichir de toutes sortes de dons. Chacune lui fait des présens analogues à ses attributs ; présens funestes, qui, suivant l'intention des donateurs, devoient causer la perte du genre humain. Ainsi, la mythologie comme la Genèse, nous apprend que c'est par la femme que le mal est entré dans le monde.

Quatrième tableau mythologique.

Explication des différentes constellations de la Sphère céleste, situées dans la partie septentrionale du Ciel, d'après l'Histoire de la Genèse.

———

COMME toute l'histoire atteste qu'avant le déluge on éprouvoit par toute la terre une température toujours égale, il est naturel de penser que la route du soleil ne changeoit point alors de parallèle dans le ciel ; qu'ainsi l'on ne devoit connoître que l'année sidérale pour mesurer le temps et la durée de la vie humaine, chose très-facile à obtenir, en observant le coucher ou le lever héliaque d'une étoile quelconque. Mais depuis le déluge la route du soleil ayant reçu une nouvelle direction par rapport à l'équateur, jusqu'à s'en écarter chaque année de vingt-trois degrés et demi, tant au nord qu'au midi de ce cercle (ce qui donne quarante-sept degrés de différence en hauteur du méridien du solstice d'été, à celui du solstice d'hiver), et ce changement de route ayant amené une grande variété de température dans l'atmosphère ter-

restre, la première chose que l'homme eut à
faire fut d'observer le cours réglé de ces varia-
tions et de déterminer l'année tropique, afin
de pouvoir labourer, semer et moissonner à
propos. Pour arriver à ce but, il partagea la
nouvelle route du soleil dans le ciel en douze
portions égales, et chacune de ces portions
du ciel étoilé fut représentée par un signe in-
dicatif de la place qu'elle occupoit, par rapport aux différentes ascensions du soleil, aux
effets de sa chaleur et aux travaux que per-
mettoit la variété des saisous. De là l'origine
des douze signes du zodiaque. Mais comme
ces douze signes n'occupent qu'une bande assez étroite de la voûte étoilée, et qu'il reste
encore quantité d'étoiles tant au-dessus qu'au-
dessous de cette zône, l'homme, curieux de
savoir ce qui se passe dans le ciel, ne négligea
pas de les décrire en formant de nouvelles
constellations. A l'une il donna le nom d'un
bouvier, à l'autre celui d'un *chariot* attelé de
plusieurs bœufs, à une troisième le nom
d'un *moissonneur* armé d'une faux tran-
chante, empruntant toutes ces dénominations de l'art qu'on exerçoit alors le plus communément, savoir, l'agriculture. La *Lyre*,
qui se trouve dans cette partie septentrionale
de la sphère céleste, fut certainement aussi

dans l'origine un instrument aratoire, c'est-à-dire la charrue, dont par analogie on a fait un instrument de musique, parce que comme le premier sert à cultiver et défricher une terre sauvage, le second est employé à adoucir les mœurs féroces des peuples barbares et à les civiliser, quoiqu'à vrai dire ce soit la charrue qui opère tous ces effets.

Mais d'où les anciens astronomes tirèrent-ils les dénominations qu'ils donnèrent à quantité d'autres constellations, telles que celles d'Hercule, de Céphée, de Cassiopée, d'Andromède, de Persée, de la tête de Méduse, du grand Serpent, de Prométhée, déchiré par un vautour, du fleuve Eridan et de la belle constellation de la Vierge? Est-il probable que la Grèce encore sauvage, lorsque l'astronomie fleurissoit en Orient, ait fourni le sujet de ces constellations; que l'Hercule dont il s'agit soit le fils d'Alcmène, que Céphée et Cassiopée soient un roi et une reine d'Ethiopie, qu'Andromède ait été leur fille, que Persée fût le petit-fils d'un roi d'Argos, que ce petit-fils d'Acrise soit parti sur un cheval ailé pour aller conquérir la pomme d'or d'un jardin situé aux extrémités du monde, en coupant la tête de la Gorgone et du serpent, qui en étoient les gardiens; qu'ensuite

de cette expédition il soit venu délivrer la
malheureuse Andromède du monstre marin
qui étoit sur le point de la dévorer? Certes il
faudroit être bien crédule pour ajouter foi à
de pareilles histoires, qui n'eurent jamais de
réalité que dans l'imagination des Grecs, qui
cherchoient à historifier tout ce qu'ils ne con-
noissoient pas, et qui se plaisoient à faire de
leur pays la patrie des héros et le théâtre des
plus merveilleuses aventures. Que représentent donc réellement ces différentes constellations? Pour le découvrir, transportons-nous
au temps de Noé, de ses fils et petits-fils.
Examinons ensuite quels étoient les objets
qui, après l'agriculture, pouvoient le plus in-
téresser ces patriarches du genre humain, et
dont ils durent par conséquent chercher à
transmettre la mémoire à leurs descendans.
Certainement le déluge dont ils avoient été
témoins devoit obtenir la première place,
ensuite la naissance du genre humain, la formation de l'homme, sa chute, causée par son
orgueil, joint à la séduction du serpent, son
expulsion du Paradis terrestre et le sort malheureux de sa postérité; mais en même
temps ils ne durent point laisser ignorer la
délivrance future de cette postérité malheureuse, par le moyen d'un fils qui naîtroit

d'une femme vierge, (1) lequel devoit écraser la tête du serpent et conquérir le fruit de l'arbre de vie. Or, peut-on ne pas reconnoître dans Céphée et dans Cassiopée, tous deux précipités du trône dans la poussière, pour avoir eu l'orgueil de vouloir s'égaler aux dieux, les deux premiers chefs de la race humaine déchus par un crime semblable, de l'état d'innocence et chassés du Paradis terrestre? Peut-on ne pas voir dans Andromède punie pour le crime de sa mère et attachée à un rocher sur le bord de la mer et toujours près d'être dévorée par un monstre marin, la malheureuse postérité d'*Adam* et d'*Eve*, sans cesse exposée à devenir la proie de l'impi-

---

(1) Isaïe avoit prédit que le Messie naîtroit d'une vierge; mais la Genèse l'avoit laissé entendre avant ce prophète, dans l'endroit même où Dieu, à la suite de la sentence prononcée contre *Adam* et *Eve*, dit qu'il établira une inimitié entre le serpent et la femme, entre la race du serpent et celle de la femme, dont un rejeton lui écrasera la tête. Il est évident qu'il ne parle point ici de l'homme. Or, qu'est-ce que le fils de la femme, à l'exclusion de l'homme, si ce n'est le fils d'une femme vierge? Il n'est donc pas étonnant que Noé ait connu cette naissance miraculeuse.

toyable mort. D'un autre côté, pouvoit - on mieux figurer que dans le fils de la vierge *Danaë*, dans Persée, monté sur le Pégase, et qui après avoir coupé la tête de la Gorgone et conquis la pomme d'or du jardin des Hespérides, vient délivrer Andromède, en lui faisant présent de cette pomme d'or et lui apportant comme en trophée la tête de Méduse, pouvoit-on mieux figurer, dis-je, que dans ce tableau, la rapidité des conquêtes du divin fils de Marie, lequel après avoir écrasé la tête de l'ancien ennemi du genre humain, a reconquis le Paradis perdu avec le fruit de l'arbre de vie, et délivré l'Eglise, devenue son épouse par le droit de conquête, ainsi qu'Andromède l'avoit été de Persée, après qu'il l'eut délivrée du monstre qui paroissoit prêt à la dévorer, et de tous les poursuivans qui prétendoient avoir des droits sur elle?

Quant a la belle constellation de la Vierge, qui se trouve au rang des douze signes du zodiaque, et dans laquelle on a cru voir une moissonneuse portant dans son sein un faisceau d'épis dorés, n'est-elle pas plutôt la vierge *Danaë*, dans le sein de laquelle *Jupiter*, transformé en pluie d'or, figure admirable du rayon céleste de l'esprit saint, qui devoit, par son opération divine, produire dans le sein de Marie, celui qui étoit, dès le commencement du monde, destiné à détruire le règne du démon.

Dans Hercule, fils d'Alcmène, condamné par Euristhée à accomplir ses douze fameux travaux, et terminant ensuite sa laborieuse carrière par être consumé d'un poison mortel que lui avoit communiqué le centaure *Nessus*, par l'entremise de *Déjanire*, qui ne reconnoît l'homme condamné par le Tout-Puissant à cultiver la terre durant les douze mois de l'année, ensuite finissant ses longs et pénibles travaux, le plus souvent par une fièvre ardente causée par les malignes influences du Scorpion et du Sagittaire. Toutes ces figures sont d'autant plus frappantes que le nom même des personnages est analogue à l'action qu'elles représentent. En effet, *Hercule* signifie agriculteur ; *Euristhée*, qui a une grande puissance ; *Cephée*, chef de famille : *Cassiopée*, œil vain ; *Andromède*, souci de *l'homme* ; *Persée*, destructeur, ou conquérant ; *Promethée*, celui qui consulte avant d'agir. Or, ce dernier, déchiré par un vautour, et placé auprès d'un fleuve qui se déborde, ne représente-t-il pas exactemeut le créateur qui dit, en délibérant en lui-même : Faisons l'homme à notre image, et qui, dans

la suite, pénétré de douleur jusqu'au fond
du cœur (ce sont les termes mêmes de l'Ecriture), à cause des crimes du genre humain,
se repent d'avoir fait l'homme, et amène le
déluge pour détruire sa créature ? Mais par
cette tête de Méduse à masque de femme,
entourée de serpents, pouvoit-on mieux peindre celui qui, pour séduire la femme, avoit
emprunté la voix humaine ? La redoutable
égide de Pallas, portoit, comme en trophée,
cette tête de Méduse, pour faire entendre sans
doute, que ce n'est qu'après avoir triomphé
de l'astucieux serpent, que l'homme obtient
la véritable sagesse et redevient ce qu'il étoit
en sortant des mains du créateur. Telle est,
en abrégé, l'histoire du ciel mythologiques
Or cette histoire est visiblement celle du genre
humain, qui fut tracée en caractères hiéroglyphiques par les inventeurs de l'astronomie,
long-temps avant que Moïse l'eût écrite en
lettres alphébétiques dans le livre de la Genèse.

Origine du Culte idolâtre des animaux, de
l'Astrologie, de la Magie, de la Divination, des Augures et des Aruspices, des
Mystères et de l'initiation aux Mystères.

————

L'HOMME réduit après le déluge à la nécessité de cultiver la terre par un travail assidu
pour en tirer une subsistance assurée, fut
obligé, pour le succès de ses travaux, d'étudier les changemens arrivés dans la nature
par cette grande catastrophe, surtout d'observer la variété de température de l'atmosphère,
en tenant un compte exact de ces observations. Dépourvu de l'écriture alphabétique,
il eut recours aux symboles pour s'assurer la
possession de ces découvertes et désigner la
diversité des saisons, de la langue des signes,
et le calendrier zodiacal que nous possédons,
auquel se rapporte évidemment la fable mythologique de l'enlèvement d'Europe, fille
d'un roi de Phénicie (1), par Jupiter tranfor-

————————————

(1) Cette colonie des Phéniciens, établie en Europe, fut regardée comme une fille du roi de Phénicie,

mé en un taureau blanc , et le mariage de cette jeune princesse avec le dieu du jour , emblême de l'alliance du soleil avec la terre , au moyen d'une colonie de Phéniciens qui vint s'établir en *Crète* et défricher cette terre encore sauvage et inculte, appartenant à l'Europe , lorsque la belle constellation du taureau ouvroit l'année rurale.

Candidus auratis aperit cum cornibus annum Taurus , etc.

GÉORG. de Virg., liv. I.

Or , le calendrier étant une chose extrêmement rare en ce temps-là , faute d'écriture alphabétique , et cependant très-essentielle à l'agriculture , il fut déposé dans des temples , ainsi appelés à cause de l'usage auquel ils étoient destinés (1) , et où chacun avoit droit d'aller puiser les connoissances dont il avoit besoin.

---

sous le règne duquel elle s'étoit formée, comme dans la suite Carthage passa pour une fille de Tyr, et Tyr pour la fille de Sidon , en langage allégorique.

(1) Temple, maison du Temps.

L'histoire nous apprend qu'à *Tyr* il existoit un temple de cette espèce dédié à *Hercule* (1) environné de ses douze fameux travaux, figurés par les douze signes du zodiaque. *Thèbes*, en Egypte, en eut un pareil où se voyoit le magnifique tombeau *d'Ozimandras*, orné d'un cercle d'or d'une coudée de largeur et de trois cent soixante et cinq de circonférence, nombre égal à la somme des jours complets de l'année tropique. Sur ce cercle étoient gravés le lever et le coucher du soleil, de la lune et des astres. Tel étoit encore le temple de *Jupiter-Ammon*, aussi remarquable par les cornes de bélier que portoit ce dieu, que célèbre par les oracles qui s'y rendoient. Ce fut apparemment dans un temple pareil, qu'au rapport d'Hérodote (pag. 158), se transporta Hercule en Egypte, pour voir *Jupiter*, lequel se montra à lui sous la face d'un bélier. Sans doute on dut avoir un grand respect pour ces temples, à cause des figures hiéroglyphiques qu'ils renfermoient, et de qui sembloit dépendre la fécondité de la terre. Du respect pour les figures, on passa chez certains peuples, à celui des animaux

---

(1) Hercule-Agriculteur.

qui leur avoient servi de prototypes, au point
de s'abstenir de manger de leur chair, et de
n'oser leur faire le moindre mal. De cette
crainte susperstitieuse on en vint insensible-
ment à l'adoration. De là le culte qu'on rendit au *bœuf* à *Memphis*, au *bouc* à *Mendez*,
et au *bélier* à *Thèbes*, espèce d'animaux sous
la figure desquels se montroit *Osyris* ou le
soleil. Alors les gardiens de ces temples, où
étoit conservé un si précieux dépôt, qui pourtant n'étoit qu'un calendrier, étant regardés
comme des personnes sacrées, *sacerdotes*, ils
devinrent par la suite les dépositaires des
fastes de la nation, et il fallut s'adresser à
eux pour savoir, non-seulement quand il étoit
à propos de labourer et d'ensemencer les terres, mais encore pour toutes les affaires civiles, politiques et religieuses. Telle fut l'o-
rigine du sacerdoce chez les peuples agricoles,
et en même temps l'origine du culte public
qu'on rendit à la divinité chez les Gentils.
Or, comme ces ministres sacrés, qui étoient
des astronomes, se mirent en état, par leurs
observations, de prédire les événemens qui
dépendent immédiatement du cours et de la
position des astres, tels que les éclipses de
soleil et de lune, etc., on s'imagina que des
hommes sans cesse occupés à contempler le

ciel, et qui sembloient communiquer avec les dieux, devoient aussi connoître la destinée des hommes et des empires. En conséquence, on les interrogea sur la conduite des principales actions de la vie humaine, et sur l'issue qu'elles devoient avoir.

Ainsi commencèrent à s'introduire dans le monde la divination, la magie, l'astrologie judiciaire. Il est à présumer que ces prêtres astronomes ne se livrèrent pas tout d'un coup et inconsidérément à cette espèce de supercherie ; ils se firent d'abord prier et solliciter. Enfin, gagnés par des promesses et séduits par l'appât du gain, ils cherchèrent les moyens de satisfaire la curiosité des hommes sans se compromettre, en employant des réponses vagues ou ambiguës et en invoquant les dieux mêmes, auxquels on croyoit qu'appartient la connoissance de l'avenir. Alors parurent les sages *d'Egypte*, les mages de *Perse*, les devins de *Babylone*, puis les sybilles de *Cumes*, de *Dodone*, de *Delphes*, de *Jupiter-Ammon*, nouvelles prêtresses inspirées tantôt par des vapeurs istériques, tantôt par des gaz ébriétiques, auxquels on avoit soin de les exposer.

Au reste, les hommes ne furent pas les seuls qu'une curiosité inquiète consulta sur l'avenir ; les animaux de toute espèce, les serpents, les quadrupèdes, les oiseaux, eurent aussi ce privilége. Parce qu'on avoit remarqué en eux une sorte d'instinct plus sûr, en certaines occasions, que la prévoyance humaine, on se persuada aisément qu'il résidoit dans ces êtres animés, un esprit divin, qui leur faisoit pressentir l'avenir. De là, les augures et l'art augural, qui consiste à examiner le vol des oiseaux, etc., et leurs différentes habitudes pour en tirer des pronostics.

Enfin, comme les sacrifices de sang eurent lieu chez presque toutes les nations, on poussa l'aveuglement jusqu'à consulter les entrailles palpitantes des victimes que l'on immoloit, pour tâcher d'y découvrir des indices de la volonté des dieux, de leur approbation ou de leur improbation. Ce fut l'objet de la science des aruspices; science aussi vaine que la précédente, et qui probablement fut inventée par les prêtres, dans l'espoir de multiplier les sacrifices, et d'attirer à eux les plus belles et les plus grasses victimes. Peut-être aussi étoit-elle fondée sur ce que Dieu avoit quelquefois parlé aux hommes de cette manière; car presque toujours l'erreur est issue de la vérité; et il n'a existé de faux oraracles , que parce qu'il y en a eu de véritables.

A l'instar des temples consacrés à Jupiter et à *Hercule ,* on en érigea dans la suite à *Isis* ou à Cybèle, à *Cérès* (1) , à *Minerve* et à *Bac-*

---

(1) Rien de si facile, d'après la clef que nous avons donnée de la mythologie, que d'expliquer toutes les figures emblématiques qui donnèrent lieu à l'idolâtrie. Cérès va nous servir encore de preuve et d'exemple.

Le besoin, comme on l'a dit plus d'une fois , de se procurer une subsistance assurée par le moyen des moissons , fit inventer l'agriculture. Or, l'agriculture suppose la distribution des propriétés, laquelle devient elle-même le fondement de toutes les lois civiles. Cérès fut donc la bienfaitrice et la législatrice du genre humain , en même temps qu'elle donna naissance à l'agriculture. A peine une moisson est-elle achevée, que les besoins sans cesse renaissans de la société obligent l'agriculteur d'en préparer une nouvelle. C'est pourquoi une partie de cette moisson est choisie pour servir de semence à celle qui doit la suivre. Mais cette semence jetée dans la terre, y reste ensevelie pendant l'automne et l'hiver, c'est-à-dire à peu près six mois de l'année. De là l'histoire de Proserpine, fille de Cerès, enlevée par Platon, le dieu des enfers, et cherchée par sa mère avec un flambeau par toute la terre. De là toutes les cérémonies mystérieuses pratiquées à Athènes aux fêtes de ces deux prétendues divinités.

chus, dont les statues emblématiques devinrent des divinités aux yeux d'un peuple ignorant et grossier, qui n'apercevant rien au-delà de ce qui frappe les sens, prend la figure pour la réalité. En effet, ces temples, dans l'origine, ne furent que des maisons publiques dédiées à l'agriculture et aux arts, où se déposoient les instrumens que le besoin et la nécessité avoient fait inventer. Exposés d'abord aux yeux de tout le monde sans distinction, on pouvoit venir à toute heure et à tout moment consulter ces utiles modèles. Mais quand ces modèles, suffisamment connus, furent devenus à peu près inutiles, on prit le parti de les enfermer dans des coffrets comme des reliques, pour les préserver de la pourriture, et ils ne parurent bientôt plus qu'à certaines fêtes solennelles instituées en l'honneur des prétendues divinités qui étoient censées en avoir procuré la découverte. Toutes ces inventions humaines, ainsi voilées, devinrent peu à peu des énigmes et des mystères pour la multitude ; les prêtres qui en étoient les gardiens s'en étant réservés à eux seuls l'intelligence et la connoissance ; ainsi qu'à un petit nombre d'adeptes auxquels ils vouloient bien la communiquer ; ce qui ne se pratiquoit qu'avec beaucoup d'appareil et de cérémonies. De là, l'initiation aux mystères de telle et telle divinité, et les épreuves qu'il falloit subir avant d'y être admis. Mais tous ces mystères, ces fêtes et cérémonies payennes disparurent comme de vains fantômes et de futiles niaiseries, devant la lumière et la gravité du christianisme, et lorsque la philosophie elle-même se vit forcée de les divulguer pour se justifier des reproches d'idolâtrie que lui faisoient les chrétiens. (1) Voilà pourtant ce que les théophilantropes ont cherché de nos jours à renouveler avec tant d'opiniâtreté dans leurs fêtes républicaines, ne s'apercevant pas que le temps est passé de ces hochets et de ces poupées de l'enfance du genre humain.

------

(1) Voyez à ce sujet les œuvres philosophiques de Plutarque et les Saturnales de Macrobe.

Réflexions sur les systèmes géologiques des Deluc et des Buffon, et sur celui de M. de Laprise.

———

QUOIQU'IL soit impossible de donner une raison physique des opérations divines, quand elles sortent des voies ordinaires de la nature, cependant M. Deluc, embarrassé (comme il le dit lui-même dans ses *Lettres sur l'histoire physique de la terre*) de trouver un fil propre à le diriger dans le labyrinthe obscur et presque inextricable des révolutions qu'a subies le globe terrestre, s'est avisé de prendre pour guide, dans ses recherches géologiques, les traits historiques d'un fait, où Dieu sortant visiblement de son secret, opère la plus étonnante de toutes les merveilles. Je veux parler de l'œuvre des six jours. En conséquence, il convertit ces jours en six époques, ou périodes correspondantes, comme fit autrefois Buffon, mais plus hardi que ce grand naturaliste, il ne se borne point au choc d'une comète sur le soleil pour en tirer la terre. Il remonte à l'origine de toutes choses par une analyse chimique des parties constituantes du globe terrestre.

D'abord, selon lui, Dieu créa le ciel et la terre, c'est-à-dire l'espace et tous les corps qu'il renferme. Ces corps, amas confus de pulvicules incohérentes, furent plongées dans un repos absolu et une inertie totale, jusqu'à ce que Dieu eût dit : *Que la lumière soit.* Dès que cette lumière paroît, les ténèbres se dissipent, le mouvement est communiqué à la matière, le feu devient actif, l'eau se liquéfie et sert de matrice aux autres élémens, qui nageant dans son sein, s'agitent, se meuvent, se composent et s'arrangent suivant les lois des affinités chimiques établies par ordre du créateur. Les fluides aériformes constituent l'atmosphère ; les liquides plus pesans forment une nappe d'eau qui couvre les solides, et ces solides, vrais précipités chimiques, deviennent comme la coquille et le noyau du globe terrestre. Or, tout ce qui se fait ainsi sur la terre, s'opère en même-temps sur toutes les autres sphères répandues dans l'espace immense des cieux. Le soleil et les étoiles, restés long-temps sans éclat, allument enfin leurs feux phosphoriques ; ils brillent d'une lumière qui leur étoit inconnue, et voient rouler autour d'eux les grandes masses qui composent leurs systêmes planétaires. Mais avant l'apparition de ces astres lumineux, déjà trois périodes s'étoient écoulées durant lesquelles la terre avoit éprouvé de grands changemens; 1°. Les eaux qui s'étoient liquéfiées au moyen du feu, et qui couvroient entièrement la surface, avoient en partie disparu, soit en se filtrant dans le sein de la terre, soit en se vaporisant, soit en contribuant à former de nouveaux précipités, et le reste s'étant retiré dans de vastes bassins creusés par la rupture d'une partie de la croûte qui les soutenoit, avoit laissé à découvert quelques parties de cette croûte, qui se trouvant appuyées sur des bases plus solides, n'avoient éprouvé aucune catastrophe. Alors ces portions de croûte arides et propres à la végétation, s'étoient couvertes de verdure ; tandis que l'air et l'eau avoient été peuplés de volatiles et de poissons de toute espèce. Ainsi, sont employées, suivant M. Deluc, les quatre premières périodes de la création. A la cinquième, les quadrupèdes s'animent et bondissent sur la surface de la terre. L'homme, destiné à en être le dominateur, ne paroît qu'à la sixième. Qu'on ne prenne point ceci pour une fiction, a dit M. *Deluc :* c'est une suite d'événemens écrits en caractères ineffaçables dans les différentes couches de matière qui composent la surface du globe terrestre. Mais il faut savoir les y lire, ce qui n'est pas donné à tout le monde, parce que les feuillets du livre se trouvent souvent fracturés, brisés, renversés et déplacés par divers accidens qu'il a éprouvés, par des éruptions volcaniques, par des tremblemens de terre, par la chute et la rupture des différentes couches de matières qui forment la croûte de ce globe. Telle a été, selon *Deluc*, la formation primitive du globe terrestre.

Quant au déluge arrivé du temps de Noé, et dont tout démontre l'existence et l'époque fort peu reculée, c'est suivant le même naturaliste l'effet d'une pluie extraordinaire causée par une exhalaison immense de fluides expansibles et de vapeurs sorties tout-à-coup du sein de la terre, et le produit de l'affaisement du reste de la croûte, qui jusque-là avoit résisté et qui formoit l'ancien continent. D'où il suit que la mer, en abandonnant son ancien lit, a pris la place du continent primitif, lequel a totalement disparu, à l'exception de quelques îles situées dans l'ancienne mer, qui sont devenues les chaînes de nos montagnes actuelles, tandis que celles de l'ancien continent ont dû former les îles de la nouvelle mer, après la retraite et l'évaporation d'une certaine quantité d'eau qui les couvroit au temps du déluge. Tel est, en abrégé le fond de l'histoire physique de M. *Deluc,* qu'il prétend n'être que le développement de l'œuvre des six jours et du sixième chapitre de la Genèse. Il ne dit pourtant pas : mon histoire est vraie, parce qu'elle est conforme à celle de la Genèse ; car on eût exigé de lui qu'il prouvât la vérité de celle-ci ; mais il soutient que le récit de Moïse est fondé sur une révélation divine , parce que Moïse n'a rien avancé qui ne s'accorde avec sa propre histoire , laquelle , selon lui , est véritablement celle de la nature. Or , Moïse , ajoute-il , n'a pu deviner la vérité sur cette matière sans une inspiration divine , ou sans une tradition qui parte de la même source ; car où auroit-il puisé ailleurs des connoissances aussi occultes , et si peu à la portée du temps où il vivoit?

Que l'histoire physique de M. *Deluc* soit vraie ou fausse , c'est ce que nous n'entreprendrons point de juger , d'autant qu'elle est appuyée sur des faits qui ont besoin , pour être vérifiés , tant sur l'ancien que sur le nouveau continent , d'une longue suite d'années. Nous nous bornerons à observer que l'accord qu'il prétend trouver entre son histoire et le récit de Moïse sur la même matière , n'est pas si parfait qu'on n'y aperçoive quelque différence , soit par rapport à l'œuvre des six jours , soit pour ce qui regarde le déluge.

D'abord son identité avec l'œuvre des six jours ne peut exister que dans le cas où il seroit démontré que ces jours fussent des périodes de temps fondées sur la durée physique de chaque opération , sans égard aux bornes étroites du soir et du matin , qui constituent le jour astronomique proprement dit , mais cette conversion de jours en périodes ne peut, quoiqu'en dise M. Deluc , se concilier avec le texte de la Genèse , qui déclare formellement qu'aussitôt que la lumière parut , il y eut sur la terre une distinction de jour et de nuit , dont le soir et le matin formerent le premier de ceux que Dieu employa à ses divines opérations. *Dixit Deus : fiat lux, et facta est lux. Divisit lucem a tenebris , appellavit que lucem diem et tenebras noctem , et factum est vespere et mane dies primus.* Le texte est précis ; c'est même sur ces six jours qu'est fondé le calendrier hebdomadaire des Hébreux. M. *Deluc* , qui a très-bien senti la force des objections qu'on pouvoit en tirer contre son système , a cherché à les résoudre tantôt en recourant à des interprétations allégoriques , tantôt en s'appuyant de quelques commentaires , qui manifestent tout au plus l'embarras des interprètes de l'écriture à accorder la distinction du jour et de la nuit avec l'apparition des astres.

M. *Deluc* suppose encore que la terre , avant l'apparition de la lumière, étoit un amas de pulvicules incohérentes et sans mouvement ; mais Moïse assure positivement qu'alors la terre étoit couverte d'eaux , et ces eaux d'un fluide aériforme. *Tenebrae erant super faciem abyssi , et spiritus dei incubabat super aquas.* Or l'air , la terre et l'eau ainsi séparés en masses ne sont point un amas de pulvicules. Ils ne peuvent être non plus dans l'état d'inertie , puisqu'ils sont fluides et liquides , ce qui suppose la présence et l'activité du feu.

Enfin , c'est en supposant que la mer a pris la place de l'ancien continent, que M. Deluc explique le déluge. Cependant il est manifeste que la Genèse place le premier berceau du genre humain, le paradis terrestre , sur le continent asiatique , en désignant de la manière la plus précise les régions que parcourent les fleuves qui arrosoient ce jardin délicieux. *Fluvius egrediebatur*, inquit scriptura, *de loco voluptatis ad irrigandum paradisum, qui indè dividitur in quatuor capita. Nomen uni Phison. Ipse est qui circuit omnem terram Hevilath, ubi nascitur aurum ; et aurum terrae, illius optimum est ; ibique invenitur bdellium et lapis onychinus. Nomen fluvii secundi Gehon; ipse est qui circuit omnem terram AEthiopiæ. Nomen fluvii tertii Tygris (vel Hyddekel). Ipse vadit contra Assyrios. Fluvius autem quartus ipse est Euphrates.*

M. Deluc aura beau dire que les noms de ces fleuves sont des fictions des descendans de Noé , qui pour faire revivre l'idée du paradis terrestre , dont leurs ancêtres étoient exclus depuis près de deux mille ans , s'avisèrent de les transporter, de l'ancien continent anéanti , sur le nouveau qu'ils habitoient. Qui croira que Moïse ait voulu , par des détails aussi circoustanciés , désigner des fleuves imaginaires ? On sent qu'avec de pareilles interprétations, il n'est rien qu'on ne puisse faire dire à la Genèse, ainsi qu'à toutes les écritures sacrées. D'où l'on peut conclure que M. *Deluc*, quoique peut-être meilleur géologue que *Buffon*, n'explique point d'une manière plus satisfaisante, ni le déluge, ni l'œuvre des six jours, œuvre surnaturelle en son entier, et qui par conséquent ne tient à aucun système géologique.

Au reste, que le système physique de la terre développé par M. *Deluc*, soit vrai ou faux, peu importe au récit de Moïse touchant l'œuvre des six jours ; parce que tout ce que renferme ce système peut avoir précédé ou suivi cette œuvre, sans avoir avec elle d'autre rapport que celui des faits subséquens qui en dérivent. Non, la Genèse n'a pas besoin qu'on la défende par des argumens philosophiques fondés sur la nature. *C'est par la foi*, comme le dit S. Paul, *que nous croyons que les siècles ont été fondés à la parole de Dieu, par qui les choses ont été rendues visibles sur la terre, et non par la vertu des astres lumineux.* Voilà à quoi il faut s'attacher imperturbablement. Car s'il arrivoit que le système de M. *Deluc*, touchant la structure physique de la terre, fût renversé par de nouvelles observations, comme il est arrivé à celui de Buffon, on en conclueroit que le récit de Moïse est une chimère.

A la vérité, M. Delaprise a su éviter cet inconvénient dans un ouvrage imprimé depuis peu, intitulé, *Accord de la Genèse avec la Géologie,* en distinguant l'œuvre des six jours de la création du ciel et de la terre, qui certainement lui est antérieure de bien des siècles, comme tout ici bas le démontre, et comme il est facile de s'en assurer pour peu qu'on réfléchisse sur la nouveauté de notre monde, comparée au laps de temps prodigieux qu'il a fallu à la nature pour accumuler sous nos pieds cette immense quantité de débris qui composent la surface du globe terrestre. Au moyen de cette distinction, qui pourtant n'est pas nouvelle (1), M. Delaprise n'a point été obligé de recourir à des époques pour expliquer l'œuvre des six jours ; il a suivi à la lettre le texte de la Genèse, en prenant ces jours dans leur sens propre et naturel ; mais quand il vient à développer la manière dont ces jours se sont formés, indépendamment de l'astre qui en est la source , on est fâché de ne rencontrer que de vaines hypothèses , au lieu de cette simplicité d'opération qui ca-

---

(1) M. *Delaprise* croit être le premier qui ait su faire cette distinction. Il se trompe, car elle avoit été faite avant lui par *Wisthon*, et il y a plus de trente ans que je l'ai vue consignée dans un mémoire adressé à M. de *Buffon*, lequel préféra alors d'embrasser le système des époques de la nature, don

ractérise les œuvres de la toute-puissance divine. Il va jusqu'à supposer tout le système planétaire, et le soleil lui-même, plongés dans les ténèbres les plus profondes, et dans le calme de l'inertie, pour en tirer la terre ; supposition assurément bien gratuite, et qui n'est appuyée par aucune parole du texte de la Genèse ; car elle ne parle nulle part de cette prétendue inertie et obscurité générale du système solaire. Elle dit seulement que la terre étoit vide et déserte, que les ténèbres couvroient la surface de l'abîme, sur les eaux duquel reposoit le fluide aérien. Or, la surface de la terre n'est point la totalité du sys-

---

l'idée lui fut suggérée par M. *Burdin* de Tours et par *Boulanger*, qui tous deux travaillant de concert sur la géologie, lui fournirent la plupart des matériaux dont il s'est servi pour étayer ce système, qui ne lui appartient en aucune manière, excepté le rêve de la comète. Je puis certifier le fait, comme ayant vu ces matériaux entre les mains de M. *Burdin*, et pour m'en être entretenu plus d'une fois avec lui, auparavant que *les époques de la nature parussent*. Oui, telle est l'origine de ces fameuses époques, mises au jour d'abord par *Buffon*, et présentées depuis sous une autre forme par M. *Deluc*, pour expliquer l'œuvre des six jours.

tême solaire ; c'en est une partie infiniment
petite.

Quant à l'existence originaire ou à l'époque de la création du globe terrestre renfer-
mée dans ces mots : *Dans le principe de toutes
choses, Dieu créa le ciel et la terre*, elle est,
selon M. Delaprise, d'une antiquité aussi reculée que celle de l'univers, dont on ne peut
assigner ni le commencement ni la fin. Or,
comme l'univers est l'assemblage d'une infinité de mondes ou de globes, dont chacun a
en soi un principe de régénération successive
qui le rend éternel, cet auteur assure et se
croit en état de prouver par des monumens
géologiques, que la terre qui est un de ces
anciens mondes a déjà subi plusieurs révolutions, au moyen de déflagrations générales
causées par le feu central, et suivies d'autant
d'inondations produites par les eaux de l'a-
bîme renfermé dans ses entrailles ; et c'est à
de telles révolutions qu'il rapporte tous les
phénomènes géologiques que Buffon attribue
à l'état d'ignition et d'incandescence où se
trouva la terre lors de sa formation, puis à
la révolution successive des mers sur la surface du globe terrestre ; tandis que M. *Deluc*
n'a vu dans ces mêmes phénomènes que des
précipités chimiques formés au milieu des

eaux, mises en liquéfaction par l'action du feu, après que Dieu eut donné l'existence à la lumière. Le feu et l'eau sont donc, au gré de ces trois géologues, les deux grands moyens qui ont produit tout ce que l'on découvre à la surface et dans l'intérieur de la terre. Ils ne diffèrent entr'eux que sur la manière de les appliquer. Lequel des trois a su deviner en cela le secret de la nature ? C'est ce qu'il est difficile de décider. Peut-être même est-il vrai de dire qu'aucun jusqu'ici n'y a réussi, parce qu'on s'est trop pressé de résoudre ce grand problème géologique, la physique, la chimie et l'histoire naturelle n'étant pas encore assez avancées pour fournir les données propres à sa solution. Mais quelque parti que l'on embrasse sur ce sujet, on ne court aucun risque de se trouver en opposition avec la Genèse, qui n'ayant point voulu satisfaire notre curiosité, a gardé un profond silence sur la structure originaire du globe terrestre, en se réduisant à nous en montrer Dieu pour auteur. Elle n'a pas été aussi réservée à l'égard de la révolution diluvienne, arrivée depuis la naissance du monde actuel. Elle s'est expliquée nettement sur sa cause et ses effets, en la présentant, ainsi que l'œuvre des six jours, comme une opération surnaturelle de la toute-

puissance divine, qui voulant punir les crimes
du genre humain , l'ensevelit presque tout
entier sous les torrens de pluie qu'elle fit tomber du ciel, et sous les flots de l'abîme , dont
elle rompit les barrières : *Apertae sunt cœli
cataractae , et rupta sunt abyssi vincula.*

Cependant *Deluc* et *Buffon* interprétant à
leur manière ces paroles de la Genèse, prétendent l'un , et c'est le dernier , que le déluge
n'a été qu'une invasion soudaine et extraordinaire , quoique naturelle , des mers sur le
continent, accompagnée d'une pluie exces-
sive de même espèce ; l'autre un déplacement subit des bornes de la mer, causé par la
chute et l'immersion totale de l'ancien continent, abîmé sous les eaux pluviales et sou-
terraines. Postérieurement à ces deux grands
géologues , M. Delaprise pense que le déluge
n'est qu'une révolution incomplète et fort
peu ancienne , du genre de celles qu'éprouve
le globe terrestre à certaines époques , laquelle fut causée par une pluie extraordinaire , jointe à l'expansion et resorbtion des
eaux de l'abîme intérieur, sans déplacement
de mer.

D'accord avec la Genèse sur les faits principaux , on voit que ces trois géologues en diffèrent essentiellement , quant à la cause im-

médiate qu'ils leur assignent, puisqu'ils ne
les envisagent que comme la suite des lois
de la nature. Mais, demandera-t-on à *Buffon*,
qui a versé sur la terre ces torrens de pluie
qui l'ont inondée totalement? et qui a pu
rompre les digues de la mer et l'élever par-
dessus les plus hautes montagnes? Comment
est-il arrivé que l'eau, qui, suivant *Deluc*,
minoit sourdement les étais de l'ancien continent, les ait sappés tous à la fois et sans
réserve aucune? Qu'ils allèguent tant qu'ils
voudront le concours fortuit de la lune, du
soleil, des planètes et même de quelques co-
mètes, ils n'auront rien fait, à moins qu'ils
ne prouvent et ce concours fortuit et sa puissance effectrice.

Quant à M. Delaprise, on pourra lui de-
mander aussi comment il sait qu'il existe un
abîme souterrain, dont l'épanchement a produit de si grands effets? Il invoque à ce sujet
le témoignage de l'Ecriture et de quelques interprètes, qu'on peut aisément lui contester.
Mais pour ne point perdre le temps à discuter de pareilles autorités, supposons l'existence de cet abîme ; qu'il nous dise après cela
quelle force motrice a élevé ses eaux sur la
surface de la terre, au point de surpasser les

plus hautes montagnes? Des vapeurs com-
primées, répond M. *Delaprise*. Et d'où vient
la formation de ces vapeurs? Du feu central,
répond-il encore, qui, faisant bouillir l'eau
de l'abîme comme dans un vase, l'épanche
par-dessus ses bords. Mais quelle certitude
a-t-il de l'existence de ce feu central, lorsque
rien ne paroît le manifester? En effet, si ce
feu central existoit, comme il l'assure, ne de-
vroit-on pas sentir un accroissement de chaleur, à mesure qu'on s'approcheroit de son
foyer? Or, à quelque profondeur de la terre
que l'on descende, le thermomètre à la main,
et sous quelque degré de latitude que ce soit,
quand cet instrument est parvenu à un certain
degré de température moyenne, il s'y fixe constamment, à moins que quelque cause locale,
facile à reconnoître, ne le fasse varier. Passons
encore la réalité de ce feu central : qu'en ré-
sultera-t-il? Que les vapeurs qu'il forme, au
lieu de servir à pousser l'eau hors du sein de
la terre, seront les premières à s'en exhaler
par les ouvertures qu'elles pourront trouver,
à moins qu'on ne les suppose agir en sens
contraire; c'est-à-dire de haut en bas, comme
celles d'une pompe à feu; car il est permis de
supposer tout ce qu'on veut, quand on se dis-
pense de rien prouver. Mais que conclure de

toutes ces hypothèses sans fin , qui se détrui-
sent mutuellement? sinon l'impuissance où
l'on est de rendre raison d'un fait qui passe
les bornes de la nature et que Dieu n'a opéré ,
comme il l'assure lui-même , qu'afin de puri-
fier la terre des crimes qui la souilloient et de
laisser au genre humain survivant une grande
et terrible leçon , dont il ne pût perdre le souvenir. Ce n'est pas que ces *géologues* nient absolument cette intention divine dans le grand
événement dont on vient de parler. Mais
quelle induction peut-on tirer d'un fait qui
n'a point Dieu pour cause immédiate? et
comment peut-il concourir à la punition du
crime, avec lequel il n'a aucun rapport? En
vertu d'une harmonie préétablie entre le moral de l'homme et le physique de la terre , re-
pliquent ces naturalistes. C'est-à-dire , selon
eux, que Dieu, dont la science est infinie et
qui prévoyoit les crimes du genre humain ,
auroit construit la terre de manière à devenir
l'instrument naturel de ses vengeances. Ainsi
sous les murs de Sodôme existoit un volcan
dont l'éruption subite et naturelle consuma
les infâmes habitants. Ainsi la Mer-Rouge
par un flux et reflux extraordinaires laissa
passer les Israélites , tandis qu'elle engloutit
les Egyptiens. D'ailleurs ne doit-on pas pen-

ser, ajoutent ces naturalistes, que Dieu a tout fait pour le mieux? Or, n'est-il pas mieux et plus digne de la sagesse et de la toute-puissance divine, d'agir ainsi, que de faire pleuvoir le feu du ciel et de suspendre comme dans un vase les eaux de la mer?

Il faut avouer que cet optimisme *leibnitien* et cette harmonie préétablie, du même auteur, sont une merveilleuse invention; car avec elle tout miracle disparoît. Mais aussi sans miracle que deviendra la révélation? Peut-être lui laissera-t-on la prophétie pour appui. Mais qu'est-ce que la prophétie? si ce n'est une annonce de l'avenir, émanée de Dieu même par une voie surnaturelle. Si donc la prophétie est un miracle, pourquoi le déluge n'en seroit-il pas un? Est-ce qu'il est plus difficile à Dieu et moins digne de sa sagesse, de suspendre les flots de la mer et de les conduire où il lui plaît, que de faire parler l'âne de *Balaam?* Non, le dieu des naturalistes ne sera jamais le dieu des chrétiens. Celui-là, retiré dans un sanctuaire inaccessible aux foibles mortels et jouissant d'un repos inaltérable, à l'ombre de ses lois invariables, ne peut leur convenir. Ils préféreront un Dieu qui soit toujours attentif aux besoins de ses créatures, qui ne dédaigne point d'habiter avec elles, qui ne cesse d'agir et de faire des miracles en leur faveur. Tel étoit le Dieu d'Abraham, d'Isaac et de Jacob.

CONCLUSION.

DEUX sortes de philosophes ont attaqué et défendu la révélation tour à tour et avec les mêmes armes, c'est-à-dire en se servant d'argumens tirés du livre de la nature. Mais on a vu que la défense ne valoit pas mieux que l'attaque; car la plupart des vérités révélées étant d'un ordre surnaturel et supérieur à la raison humaine, il n'y a que des prodiges et des miracles qui puissent en les sanctionnant terminer le différend. C'est donc s'abuser de croire que la philosophie doive réconcilier le christianisme avec l'incrédulité, ou comme s'est exprimé *Buffon*, (1) « que les vérités de » la nature ne devant paroître qu'avec le » temps, le Souverain Etre se les ait réser- » vées comme le plus sûr moyen de rappeler » l'homme à lui, lorsque sa foi déclinant » dans la suite des temps, seroit devenue » chancelante. » Ce que *Deluc* a répété à peu

______

(1) Epoques de la nature, tom. I.

près dans les mêmes termes, en disant : (1)
» que Dieu en nous invitant dans sa révéla-
» tion à étudier la nature, a préparé à l'avance
» le rétablissement de la foi, quand la dis-
» tance des temps et les écarts de l'imagina-
» tion auroient fait naître l'incrédulité. » Or,
d'étudier la nature n'est pas une petite af-
faire, suivant ce dernier. En effet, reprend-
il, « que pourroit-on dire avec solidité sur
» l'origine et la nature de l'homme, sans
» connoître son histoire ? Comment con-
» noître l'histoire de l'homme, sans être ins-
» truit de celle de la planète qu'il habite ?
» Comment apprendre l'histoire de cette
» planète, sans se livrer à l'étude des monu-
» mens de ses révolutions et de tout ce que la
» physique peut nous faire connoître de leurs
» causes ? Voilà pourquoi, conclut-il, j'ai
» consacré près de cinquante ans à ces di-
» verses études, dont le résultat a été d'im-
» primer de plus en plus dans mon âme la
» foi en notre divine religion et de me procu-
» rer par-là une satisfaction intérieure que
» rien n'a pu altérer. » On doit féliciter
M. *Deluc* d'avoir pu employer cinquante an-

____

(1) Sixième lettre géologique.

nées de sa vie à l'étude de la nature, pour arriver à la connoissance de l'homme et de la religion. Mais que seroit-ce, s'il falloit que chacun de nous en fît autant pour parvenir à se connoître soi-même et à devenir un vrai croyant? Car personne n'est obligé de croire les vérités de la nature sur la parole d'autrui. (1) Aussi ne voit-on pas que tous les systèmes géologiques aient produit beaucoup de fruits en faveur de la révélation. Au contraire, l'incrédulité n'a fait qu'augmenter depuis leur apparition. Ce n'est pourtant pas là ce que promettoient *Buffon* et *Deluc.* Ce dernier même s'étoit flatté que si *Rousseau* avoit voulu prêter l'oreille à ses discours, il l'auroit fait revenir de son incrédulité. Mais il y a grande apparence que *Rousseau*, qui avoit un discernement pour le moins aussi fin que lui, n'auroit vu dans son histoire physique de la terre, qu'un nouveau système géologique aussi peu conforme au

____

(1) Heureusement il existe une voie plus sûre et plus abrégée qui conduit au même but, et c'est celle que Dieu a choisie, en nous révélant immédiatement ce que l'on chercheroit longtemps et inutilement dans les entrailles de la terre.

texte de la Genèse que celui de Buffon, qu'ainsi il seroit resté dans le doute, où il a persisté jusqu'à la fin de sa vie.

FIN.

De l'imprimerie d'A. EGRON, rue des Noyers.